Fünfzig Jahre
Institut für Versicherungswissenschaft
an der Universität zu Köln

Schriftenreihe des Instituts für Versicherungswissenschaft
an der Universität zu Köln

Begründet von Professor Dr. jur. Dr. phil. W. Rohrbeck †
und fortgeführt von Professor Dr. sc. pol. P. Braeß †
Herausgegeben von Professor Dr. rer. pol. D. Farny

Neue Folge Heft 45

Fünfzig Jahre
Institut für Versicherungswissenschaft
an der Universität zu Köln

Herausgegeben von

Prof. Dr. Dieter Farny

Duncker & Humblot · Berlin

Die Deutsche Bibliothek – CIP-Einheitsaufnahme

Institut für Versicherungswissenschaft ⟨Köln⟩:
Fünfzig Jahre Institut für Versicherungswissenschaft
an der Universität zu Köln / hrsg. von Dieter Farny. –
Berlin: Duncker und Humblot, 1991
(Schriftenreihe des Instituts für Versicherungswissenschaft
an der Universität zu Köln ; N. F., H. 45)
ISBN 3-428-07257-X
NE: Farny, Dieter [Hrsg.]; HST; Institut für Versicherungswissenschaft ⟨Köln⟩: Schriftenreihe des Instituts ...

Satz: Werksatz Marschall, Berlin 45
Druck: Werner Hildebrand, Berlin 65
Printed in Germany

ISSN 0720-7190
ISBN 3-428-07257-X

Vorwort

Das Institut für Versicherungswissenschaft an der Universität zu Köln feierte am 5. November 1990 das 50jährige Jubiläum seiner Gründung mit einem Festakt in der Universität zu Köln.

Fünfzigjährige Jubiläen von wissenschaftlichen Forschungsinstituten sind zwar keine Seltenheit. Im vorliegenden Fall ist es jedoch bemerkenswert, daß die Gründung und die ersten Tätigkeitsjahre in die Kriegs- und Nachkriegszeit fallen. Forschung und Lehre waren damals für die Neuordnung und den Wiederaufbau des Versicherungswesens in Deutschland von besonderer Bedeutung. Heute setzen die Zusammenfügung der Versicherungssysteme im vereinten Deutschland und die Schaffung des Binnenversicherungsmarktes in der Europäischen Gemeinschaft ähnliche bedeutsame Akzente für die wissenschaftliche Behandlung von Versicherungsfragen.

Das Institut für Versicherungswissenschaft an der Universität zu Köln ist das älteste existierende interdisziplinäre Forschungsinstitut für Versicherungsfragen. Es werden besonders die wirtschaftswissenschaftlichen, rechtswissenschaftlichen und mathematischen Elemente der Versicherung behandelt, und die Ausbildung von Studenten in den entsprechenden Studiengängen wird gefördert.

Diese Jubiläumsschrift soll nicht nur den Festakt zum 50jährigen Jubiläum dokumentieren, sondern auch Auskunft über Leistungen des Instituts in Vergangenheit, Gegenwart und Zukunft darstellen. Die Berichterstattung betrifft vor allem den Zeitraum der letzten 25 Jahre von 1965 bis 1990. Über das erste Vierteljahrhundert des Instituts gibt es die vom damaligen Institutsdirektor Prof. Dr. Paul Braeß herausgegebene Schrift „25 Jahre Institut für Versicherungswissenschaft an der Universität zu Köln" (Verlag Duncker & Humblot, Berlin 1966) Auskunft.

Ein besonderer Dank gebührt dem Verein der Förderer des Instituts für Versicherungswissenschaft und dessen Mitgliedern, die die Mittel für den Festakt und für diese Jubiläumsschrift bereitgestellt haben.

Köln, im Juni 1991 Dieter Farny

Inhaltsverzeichnis

Erster Teil: Der Festakt aus Anlaß des fünfzigjährigen Jubiläums am 5. November 1990 in der Universität zu Köln

Zweiter Teil: Dokumentation über das Institut für Versicherungswissenschaft an der Universität zu Köln

Dritter Teil: Dokumentation über den Verein der Förderer des Instituts für Versicherungswissenschaft an der Universität zu Köln e.V.

ERSTER TEIL

Der Festakt aus Anlaß des fünfzigjährigen Jubiläums am 5. November 1990 in der Universität zu Köln

Grußworte des Rektors der Universität zu Köln Professor Dr. Bernhard König

Herr Oberbürgermeister,
meine Herren Präsidenten,
Spektabilität,
meine sehr verehrten Damen und Herren!

Die Universität zu Köln, die vor zwei Jahren ihren 600. Geburtstag mit vielen wissenschaftlichen Symposien und einigen großen Festveranstaltungen beging, feiert auch und gern die Geburtstage ihrer Kinder und Kindeskinder, wenn wir einmal ihre neueren Fächer und Institute als solche bezeichnen dürfen. Einen solchen Geburtstag, einen besonders runden, den fünfzigsten, begeht in diesem Jahr — nachdem andere Einrichtungen 25 und 40 Jahre alt geworden sind — das Institut für Versicherungswissenschaft. Der Einladung zur Feier dieses Geburtstages sind Sie, meine Damen und Herren, heute gefolgt, und ich freue mich sehr, Ihnen hierfür danken und Sie als Gäste der Universität herzlich willkommen heißen zu können. Mein besonderer Gruß gilt Ihnen, verehrter Herr Kleyboldt, als Vorsitzendem des Vereins der Förderer des Instituts für Versicherungswissenschaft, und Ihnen allen, meine Damen und Herren, die Sie als Mitglieder des Vorstandes, des den Vorstand beratenden Ausschusses und als Mitglieder des Vereins durch Ihr Interesse, Ihre Beitragsleistungen und Ihre ehrenamtliche Arbeit mit dazu beitragen (und oft schon über lange Jahre dazu beigetragen haben), daß der Verein seine satzungsmäßige Aufgabe erfüllen konnte und kann, wie sie in § 2 der Satzung formuliert ist, nämlich: „das Institut für Versicherungswissenschaft bei der Durchführung seiner Ziele zu unterstützen, die Pflege der versicherungswissenschaftlichen Forschung und Lehre, insbesondere auch die wissenschaftliche und praktische Ausbildung des Nachwuchses, zu fördern und die Beziehungen zwischen Wissenschaft und Praxis zu vertiefen".

Mit dieser Zielsetzung fügt sich das Institut für Versicherungswissenschaft in die Reihe der für unsere Universität charakteristischen „An-Institute" ein, die in enger personeller Verzahnung mit den entsprechenden Fakultäts-Instituten (nämlich durch die Personalunion in der Besetzung ihrer Direktorate) sowohl der Förderung von Forschung und Lehre dienen als auch der Verbindung zwischen Wissenschaft und Praxis im Wirtschaftsleben. Eine Universität, die sich rühmen kann, schon im Mittelalter als Bürgeruniversität gegründet worden zu sein, und die auch nach über hundertjähriger

Schließung 1919 erneut von der Bürgerschaft der Stadt Köln wiederbegründet wurde — auf der Basis insbesondere der in ihren Planungen und Vorstufen weit ins 19. Jahrhundert zurückreichenden, definitiv dann in den ersten Jahren unseres Jahrhunderts errichteten Handelshochschule und Medizinischen Akademie —, hat Praxisnähe nie gescheut, und sie hat eben u. a. durch ihre Institute an der Universität nie den Vorwurf für sich gelten lassen müssen, einen Elfenbeinturm neben dem wirklichen Leben zu bewohnen und sich mit nichts als mit Glasperlenspiel zu beschäftigen. Was speziell die Bedeutung der Versicherungswirtschaft in und für Köln anbelangt, so wird vermutlich der Herr Oberbürgermeister ein Wort dazu sagen.

Die Universität freut sich, daß es bei den langwierigen Beratungen über eine neue Hochschulverfassung, die jetzt endlich als sogenannte „Grundordnung“ nicht nur von den Gremien der Universität beschlossen, sondern auch vom Wissenschaftsministerium des Landes genehmigt worden ist, daß es also bei diesem langwierigen Beratungsprozeß gelungen ist, den Typus unserer „An-Institute“ weiterhin bewahren zu können in ihrer traditionellen und bewährten Form.

Viele dieser „An-Institute“ sind Institute nur einer Fakultät, einige wenige gemeinsame Institute zweier Fakultäten. Auch das Institut für Versicherungswissenschaft wurde 1940 gegründet als Institut an einer Fakultät, der Wirtschafts- und Sozialwissenschaftlichen Fakultät. Seit 1965 aber gliedert es sich in drei Abteilungen, nämlich eine wirtschafts- und eine rechtswissenschaftliche sowie eine versicherungsmathematische. Es stellt also insgesamt das Modell einer drei Fakultäten einbeziehenden und damit wirklich interdisziplinären Forschungsstätte dar, wie sie aufgrund der zunehmenden Komplexität unserer Welt immer notwendiger werden, wenn wir die Welt wissenschaftlich erschließen und ihre Probleme auf rationaler Grundlage praktisch bewältigen wollen.

Ich bin sicher, daß das Institut für Versicherungswissenschaft sich in dieser Interdisziplinarität weiter bewähren wird. Der Glückwunsch der Universität zum 50. Geburtstag verbindet sich mit dem Dank an alle Direktoren, an alle Mitarbeiter und alle Förderer des Instituts und mit den besten Wünschen für die Zukunft. Denn Rang und Bedeutung und Leistung ihrer Mitglieder und ihrer Einrichtungen bestimmen auch den Rang und die Bedeutung einer Hochschule. Ad multos annos denn also, und im Geiste hebe ich dabei, wenn Sie gestatten, ein imaginäres Glas zum Wohl des Instituts und aller seiner Geburtstagsgäste.

Grußworte des Oberbürgermeisters der Stadt Köln Norbert Burger

Sehr geehrter Herr Professor Farny,
sehr geehrter Herr Professor Hübner,
sehr geehrter Herr Professor Pfanzagl,
verehrte Damen, meine Herren,

gerne bin ich der Einladung zu Ihrem Festakt gefolgt. Im Namen von Rat und Verwaltung, aber auch persönlich, gratuliere ich zum 50jährigen Jubiläum Ihres Instituts sehr herzlich.

Es kommt nicht von ungefähr, daß am 6. November 1940 die Eröffnung des Instituts für Versicherungswissenschaft an der Universität zu Köln gefeiert werden konnte.

Das Versicherungswesen hat in unserer Stadt seit Beginn des vergangenen Jahrhunderts Tradition. Den Anfang markierte die Rhein-Schiffahrts-Assekuranz-Gesellschaft, aus der sich 1844 die Agrippina entwickelte. Der verheerende Brand in der Hansestadt Hamburg im Jahre 1842 führte in Köln zur Gründung der ersten eigenständigen Rückversicherung. 1852 ist das Geburtsjahr der ersten Lebensversicherung im Rheinland, und schon 1882 gab es in Köln die erste Initiative zur Einrichtung einer privaten Krankenversicherung.

In Köln herrschte also traditionell ein günstiges Klima für den Gedanken der Versicherungen, der privatwirtschaftlichen, aber auch der sozialen Absicherung. In einem solchen Klima lag es nahe, sich nicht nur in der Praxis, sondern auch in der Wissenschaft mit dem Versicherungswesen zu befassen. In der städtischen Handelshochschule stand das Fach Versicherungswesen seit 1901 auf dem Lehrplan.

Der Initiative von Professor Dr. Dr. Walter Rohrbeck war es schließlich zu verdanken, daß seit 1940 eine Lehr- und Forschungseinrichtung für Versicherungswesen an der Universität zu Köln existiert. Betonen möchte ich dabei folgendes: Noch vor der Gründung des Instituts für Versicherungswissenschaft hat sich am 6. Februar 1940 der Verein der Förderer des Instituts konstituiert. Hier hatte Dr. Edgar John, damals Vorstandsmitglied im Gerling-Konzern, die Federführung inne.

Dies unterstreicht, daß bereits in der Gründungsphase des Instituts für Versicherungswissenschaft Theorie und Praxis miteinander verbunden waren. Diese, wie ich meine, fruchtbare Kombination zeichnet mitverantwortlich dafür, daß das von mir bereits angesprochene günstige Klima für Versicherungen in Köln sich in die Gegenwart fortgesetzt hat.

Köln zählt heute zu den Versicherungshochburgen in der Bundesrepublik: Mehr als 60 Versicherungsunternehmen haben hier ihren Hauptsitz, 22 000 hauptamtliche und 12 000 nebenberufliche Mitarbeiter zählt diese Branche.

Die Tatsache, daß mehr als 2 000 Studierende in Köln sich auf einen Beruf in der Versicherungswirtschaft vorbereiten, beweist, daß Praxis und Ausbildung sowie Forschung hier in beinahe idealer Weise zusammengreifen. Die Universität zu Köln ist der größte Ausbildungsort für wissenschaftliche Versicherungsstudien im deutschen Sprachbereich. Gleiches gilt für den Fachbereich Versicherungswesen an der Fachhochschule Köln.

Darüber hinaus gibt die Verbindung von Praxis und Wissenschaft Anlaß zu der Hoffnung, daß sich die bislang erfolgreiche Tradition Kölns als Versicherungsstadt auch in die Zukunft weiterführen läßt.

Ein Grund für diesen Optimismus liegt mittlerweile 25 Jahre zurück. Bereits 1965 hat das Institut für Versicherungswissenschaft die Zeichen der Zeit erkannt und sich interdisziplinär organisiert. Der interdisziplinäre Ansatz ist, meiner Meinung nach, der richtige und der zukunftsweisende Ansatz. Eine Wissenschaft, die interdisziplinär tätig ist, unterstreicht neben ihrer Bandbreite zugleich ihre Praxistauglichkeit. Dies ist im Bereich der Versicherungswissenschaft von zentraler Bedeutung.

In diesem Zusammenhang möchte ich nicht unerwähnt lassen, daß nicht nur Versicherungspraktiker den Weg in das Institut für Versicherungswissenschaft gefunden haben. In den Jahren 1953 bis 1956 war ich als „amanuensis" im Institut für Versicherungsrecht, damals unter Professor Roehrbein, beschäftigt, um mein Studium zu finanzieren. Insofern habe ich eine besondere Beziehung zum Institut für Versicherungswissenschaft.

Ihnen, Herr Professor Dr. Farny, Herr Professor Dr. Hübner und Herr Professor Dr. Pfanzagl, möchte ich im Namen der Bürgerinnen und Bürger ganz herzlich für Ihre Bemühungen danken, Studentinnen und Studenten wissenschaftlich auf dem Gebiet des Versicherungswesens auszubilden. In Ihrem Institut finden junge Menschen optimale Voraussetzungen, die Versicherungswissenschaft kennenzulernen, in den Kölner Versicherungsunternehmen haben sie optimale Bedingungen, ihr Wissen in die Praxis umzusetzen.

Ihre Arbeit und die Mithilfe Ihrer Mitarbeiterinnen und Mitarbeiter ist ein Garant mit dafür, daß Köln auch in Zukunft eine Versicherungshochburg bleiben wird.

Das 50jährige Jubiläum des Instituts für Versicherungswissenschaft gibt uns also Anlaß zu feiern. Es bietet aber auch die Gelegenheit, auf eine vielversprechende Zukunft der Versicherungswissenschaft und der Versicherungspraxis in Köln hinzuweisen.

Grußworte des Dekans der Wirtschafts- und Sozialwissenschaftlichen Fakultät der Universität zu Köln Prof. Dr. Udo Koppelmann

Meine Damen und Herren,

auch ich möchte Sie herzlich willkommen heißen und Ihnen die besten Grüße der Wirtschafts- und Sozialwissenschaftlichen Fakultät überbringen.

Nur selten hat man als Dekan einer Fakultät Erfreuliches auf dem Programm. Nicht erst seit diesem Semester schlagen wir uns mit Fragen der Kapazitätsüberlastung herum. Lehrende und Lernende leiden erheblich darunter. Und dann ist man immer wieder ganz erstaunt, wie trotz dieser Misere Außenstehende das besondere Ansehen hervorheben, das unsere Fakultät genießt. Ich will nicht bestreiten, daß man das gern hört, schließt dies doch nicht aus, daß davon etwas auf die eigene Person zurückstrahlt und der eigenen Eitelkeit guttut. Im Hinterkopf stellt sich dann aber doch die lauter werdende Frage, wie es denn zu diesem Ansehen, man könnte auch vom „Image" sprechen, kommt. Bekanntlich wird das Image von Einrichtungen durch die positiven und negativen Spuren derer geprägt, die dort tätig sind. Das sind neben den bekannten „Einzelkämpfern" auch die etablierten Institute. Und bei den gelegten Spuren handelt es sich um gegenwärtige und vergangene. Eine 50jährige institutionalisierte Spurenlegung ist in Anbetracht der Jugend unserer Fakultät, insbesondere der Betriebswirtschaftslehre, schon eine große mitgestaltende Kraft, wenn man bedenkt, daß die ersten Handelshochschulen um die Jahrhundertwende gegründet wurden. Darüber freut sich die Fakultät, sie ist stolz darauf und dankt dafür.

Danken möchte ich aus einem weiteren Grund: Die Einheit von Forschung und Lehre ist auch heute noch ein gültiges Wort und wichtiges Prinzip. Die Realisierung des Prinzips ist naturgemäß an einer überfüllten Fakultät wie der unsrigen sehr schwierig. Wenn deshalb in einem Forschungsinstitut generelle und spezielle Möglichkeiten geschaffen werden, daß Studenten am Forschungsprozeß teilnehmen, dann ist dies ein besonders positiver Aspekt. Wenn solche Forschungsarbeit darüber hinaus in großer Nähe zur wirtschaftlichen Realität stattfindet, wie das im Institut für Versicherungswissenschaft der Fall ist, wird nicht nur die Lehrqualität verbessert, sondern es kommt gleichzeitig zu einem Transfer theoretischen Wissens in die Praxis durch die ausgebildeten Studenten. Und dieser Effekt paßt ganz ausgezeichnet in die Kölner Tradition der Wirtschafts- und Sozialwissenschaftlichen Fakultät, die sich seit fast 90 Jahren um eine besonders enge Verbindung zwischen Wissenschaft und Praxis bemüht hat.

Ein Forschungsinstitut kann auch dem einzelnen Studenten unmittelbare Hilfe leisten, indem es die Voraussetzungen für Forschungstätigkeiten im Kleinen und im Großen, vor allem bei Hausarbeiten, Diplomarbeiten und Dissertationen, verbessert. So ist etwa die Bibliothek des Instituts für Versicherungswissenschaft, die zu einem großen Teil durch private Mittel finanziert wurde und wird, eine der großen und besten im deutschen Sprachraum. Sie wird in großem Umfang für die Forschungsarbeiten der Kölner Studenten der Wirtschaftswissenschaften, der Rechtswissenschaft und der Mathematik genutzt, darüber hinaus auch von Studenten anderer Hochschulen, von der Praxis und zu einem großen Teil auch von Stellen aus dem politischen Leben. Andere Möglichkeiten liegen in der Unterstützung empirischer Forschung, sei es durch Förderung von Felduntersuchungen oder durch das umfangreiche Archiv von Geschäftsberichten und anderen Unterlagen im Institut.

Derzeit besitzen jährlich 100 bis 150 Studenten, die ihr wirtschaftswissenschaftliches oder mathematisches Diplom mit dem Fach Versicherung erwerben, die Chance, diese Forschungsressourcen im Institut für Versicherungswissenschaft zu nutzen und sie in das spätere Berufsleben gleichsam mitzunehmen.

Die Zahl der Studierenden in der Kölner Wirtschafts- und Sozialwissenschaftlichen Fakultät, besonders im Studiengang Betriebswirtschaftslehre, ist sehr groß, eigentlich zu groß. Um ihre Ausbildung auf hohem Niveau zu halten, ist jedes Stückchen Forschungskapazität notwendig und höchst willkommen. Deshalb ist die Fakultät auf die vielen assoziierten Forschungsinstitute nicht nur stolz, sondern sie braucht sie heute und in der Zukunft. In diesem Sinne gratuliert auch die Fakultät zum runden Geburtstag eines der ältesten und bedeutendsten Institute und wünscht für das nächste halbe Jahrhundert erfolgreiche Tätigkeit und weiterhin einen wichtigen Beitrag für die Arbeit unserer Fakultät in Forschung und Lehre.

Grußworte des Vorsitzenden des Vorstands des Vereins der Förderer des Instituts für Versicherungswissenschaft an der Universität zu Köln Claas Kleyboldt

Magnifizenz,
Herr Oberbürgermeister,
meine Herren Präsidenten,
meine verehrten Damen und Herren,

als das Institut für Versicherungswissenschaft an der Universität zu Köln mitten im 2. Weltkrieg vor 50 Jahren ins Leben gerufen wurde, konnte keiner der Gründungsväter zutreffende Prognosen stellen, wie sich die Wirtschaft und damit auch die Versicherungsbranche in nächster bis ferner Zukunft entwickeln würde. Die Anker wurden zu einer Fahrt gelichtet, die zu neuen Ufern führen sollte, zunächst aber gewissermaßen durch Nebel führte. Eines jedoch war von Anfang an den Mitgliedern des Fördererverein klar: Man wollte keine wissenschaftlichen Glasperlenspiele, sondern es sollte von vornherein eine intensive Beziehung zwischen Wissenschaft und Praxis im Versicherungsbereich hergestellt werden. Dieser Devise ist man, wie ich meine, erfolgreich ein halbes Jahrhundert treu geblieben. Nicht zuletzt diese auf Kölner Boden entstandene Symbiose hat unserer deutschen Versicherungswirtschaft ein Renommee geschaffen, das weit über die Grenzen reicht. In vielen Führungsetagen deutscher Versicherungsunternehmen wirken heute Praktiker, die zuvor ihre wissenschaftlichen Weihen im Kölner Institut für Versicherungswissenschaft erhalten haben. Die meisten dieser heutigen Praktiker haben erfreulicherweise niemals den Kontakt zu ihrer Ausbildungsstelle abreißen lassen und stellen ihre Erfahrungen aus der Praxis wiederum heute der Versicherungswissenschaft zur Verfügung. Und das ist gut so. Ich denke in diesem Zusammenhang gerne an ein Goethezitat aus ‚Wilhelm Meisters Lehrjahre': „Handeln ist leicht, Denken schwer; nach dem Gedanken handeln unbequem". Gerade dieser Unbequemlichkeit bedürfen wir jedoch in unserem Wirtschaftszweig, um bei aller Risiko- und Innovationsfreude Weitblick und Klugheit, providentia und prudentia, zu erhalten, und diese sind heutzutage wohl schwerlich ohne eine fundierte wissenschaftliche Ausbildung zu erwerben.

Aus meiner Sicht sind die in diesem Fördererverein zusammengeschlossenen Institutionen und Personen demzufolge an der Versicherungswissenschaft in zweifacher Hinsicht interessiert. Einmal an den Ergebnissen der Forschung, die das reale Geschehen entweder nachträglich aufarbeitet, systematisiert und bewertet oder vorausschauend oder vorschauend prognostiziert und dadurch Entscheidungen in der Praxis unterstützt. Zum anderen besteht ein breites Interesse an den Ergebnissen der Lehre, auch an wissenschaftlich ausgebildeten jungen Menschen, die ihr berufliches Leben im weiteren Feld des Versicherungswesens anstreben, also bei Versicherungen, Versicherungsvermittlern, Versicherungsnehmern, Beratungs- und Prüfungsunternehmen sowie im breiten Bereich der Sozialversicherung. Die Versicherungswirtschaft ist auf wissenschaftlich ausgebildeten Nachwuchs nicht nur angewiesen, sondern sie bietet diesem Nachwuchs auch vielfältige interessante Felder der Berufstätigkeit. Dies gilt für Wirtschaftswissenschaftler, Juristen, Mathematiker, Ingenieure und viele andere Akademiker aus den Natur- und Geisteswissenschaften. Hinzu kommt, daß die Versicherungswirtschaft als wichtiges Dienstleistungsgewerbe eine stark wachsende Branche ist, in der nicht nur die Beschäftigtenzahl insgesamt wächst, sondern vor allem die Zahl der akademisch ausgebildeten Mitarbeiter stark zunimmt. Ende 1980 waren in den Versicherungsunternehmen in unserem Land nur knapp 5% aller beschäftigten Arbeitnehmer Hochschul- oder Fachhochschulabsolventen. Ende 1989 waren von den ca. 211 000 Mitarbeitern der deutschen Versicherungsunternehmen schon knapp 10% Absolventen von Hochschulen bzw. Fachhochschulen. Diese Verstärkung des akademischen Nachwuchses in der Versicherungswirtschaft wird — davon sind wir alle überzeugt — weiter zunehmen, weil Risiko-, Sicherheits- und Versicherungsprobleme sowie die Abwicklung dieser Vorgänge immer komplexer werden. Professionalität, höhere Kreativität und höherer Service sind für die Zukunft, nicht zuletzt angesichts grenzüberschreitender und sich deregulierender Märkte gefragt. Aus diesem Grunde besteht auch für die Zukunft ein uneingeschränkt hohes Interesse unseres Wirtschaftszweiges Versicherung an einer Universität, an der das Fach Versicherung wie hier in Köln beispielhaft vielfältig und, wie wir als Fördererverein meinen, hervorragend vertreten ist. Die Ergebnisse von Forschung und Lehre sind für uns in der Praxis außerordentlich wertvoll und höchst willkommen. Der output an ausgebildeten Akademikern in den wirtschaftswissenschaftlichen, rechtswissenschaftlichen und mathematischen Abteilungen dieses Instituts, dessen Geburtstag wir heute feiern, beträgt immerhin zur Zeit 150 Fachleute pro Jahr, die von uns in der Praxis wie ein Schwamm aufgesogen werden.

Daß ein Fördererverein mit privaten Mitteln Lehre und Forschung fördert, entspricht dem Gedanken des Eigennutzes der Förderer und dem Gedanken des Fremdnutzens. In Zeiten knapper öffentlicher Finanzen und überfüllter Universitäten ist die Förderung der Wissenschaft aus privaten

Mitteln daher besonders angesagt. Da die finanziellen Ressourcen immer knapp waren und wohl immer knapp bleiben werden, läßt sich die Notwendigkeit der Institutsförderung noch auf lange Zukunft voraussagen.

Gestatten Sie mir, meine Damen und Herren, noch eine Schlußbemerkung: Es wird heute viel von Wissenschaft auf der einen Seite, von der Praxis auf der anderen Seite und vom Wissenschaftstransfer zwischen beiden gesprochen. Die Praxis nimmt produziertes Wissen und gut ausgebildete Menschen auf, sie weiß aber auch, daß die Produktion von Wissen und die Ausbildung von Menschen Geld kosten. Geben und Nehmen waren und sind der Sinn des Fördervereins für das Institut für Versicherungswissenschaft an der Universität zu Köln, und das sollte und das wird auch für die Zukunft so bleiben. Wir, die Mitglieder des Fördervereins, gratulieren heute den Direktoren, den Mitarbeitern, aber auch den Studierenden dieses Instituts zu dessen 50. Geburtstag auf herzlichste. Wir gratulieren Ihnen zu den vielfachen, häufig bahnbrechenden und richtungsweisenden wissenschaftlichen Erkenntnissen, die unserer gesamten Branche, aber auch den Versicherungsnehmern zugute gekommen sind. Wir vom Förderverein dürfen Ihnen versichern, daß wir auch in der Zukunft Ihre Arbeit im Rahmen unserer wirtschaftlichen Möglichkeiten unterstützenwerden. Ad multos annos!

Grußworte des Präsidenten des Gesamtverbandes der Deutschen Versicherungswirtschaft e.V. Dr. Georg Büchner

Ein Jubiläum, zumal ein 50jähriges, bietet Grund und Gelegenheit, über die Gratulation hinaus Leistungen und Verdienste des Jubilars zu würdigen. So möchte ich das 50jährige Bestehen des Instituts für Versicherungswissenschaft an der Universität zu Köln zum Anlaß nehmen, zu dessen Bedeutung und Stellenwert für die deutsche Versicherungswirtschaft als Ganzes einige wenige Anmerkungen zu machen.

Die Versicherungswirtschaft lebt wie kaum eine zweite Branche von der direkten Umsetzung wissenschaftlicher Erkenntnisse in die Praxis:

— Wahrscheinlichkeitstheorie und Risiko-Statistik sind die Basis von Versicherung.

— Die konkrete Ausgestaltung von Versicherungsschutz und seine Abwicklung sind wissenschaftlich fundierte Rechtsanwendung.

— Ein effizienter Betriebsablauf in den Versicherungsunternehmen setzt die Nutzung betriebswirtschaftlicher Erkenntnisse voraus.

Dieser für die Versicherungswirtschaft typische Dreiklang von Mathematik, Jurisprudenz und Ökonomie findet in der Struktur des Versicherungswissenschaftlichen Instituts an der Universität zu Köln seine Entsprechung. Mathematiker, Juristen und Betriebswirte arbeiten hier unter einem Dach und interdisziplinär am Untersuchungsobjekt Versicherung. Dies ist einer der entscheidenden Gründe dafür, daß das Versicherungswissenschaftliche Institut eine so große Bedeutung für unsere Branche erlangt hat.

Die optimale Struktur des Instituts allein reichte freilich nicht aus, wenn sie nicht durch hervorragende Wissenschaftler mit Leben erfüllt würde. Namen wie Rohrbeck, Braeß, Klingmüller, Farny, Hübner, Pfanzagl und Heubeck haben weit über den akademischen Bereich hinaus einen ausgezeichneten Klang.

Lassen Sie mich an nur drei Beispielen veranschaulichen, welche Bedeutung das Versicherungswissenschaftliche Institut für die Assekuranz hat.

Ein adäquater Ordnungsrahmen ist die unabdingbare Voraussetzung für die Funktionsfähigkeit von Versicherungsmärkten und intensiven Wettbewerb. Im Rahmen der aktuellen Deregulierungsdiskussion steht auch das deutsche System der materiellen Staatsaufsicht national wie innerhalb der EG auf dem Prüfstand. Die Arbeiten, die in diesem Zusammenhang unter ökonomischen wie juristischen Aspekten am Institut entstanden sind, haben einen wesentlichen Beitrag zur wissenschaftlichen Fundierung eines adäquaten Ordnungsrahmens von Versicherungsmärkten geleistet. So hat Professor Farny im Hinblick auf sogenannte Konkurssicherungsfonds, wie sie von seiten der Deregulierer immer wieder vorgeschlagen werden, die entscheidenden Gegenargumente in die wirtschaftswissenschaftliche und wirtschaftspolitische Diskussion eingebracht. Konkurssicherungsfonds, so die Botschaft, wären nicht nur ordnungspolitisch bedenklich, sondern würden durch falsche Anreize zu Lasten der seriösen Versicherer und ihrer Kunden gehen. Professor Hübner hat Maßstäbe für den internationalen Rechtsvergleich von Versicherungsaufsichtssystemen gesetzt.

Die Leistungsfähigkeit der deutschen Versicherungswirtschaft ist Ausdruck und Konsequenz des intensiven Wettbewerbsgeschehens in unserer Branche. Zu dem hierfür erforderlichen Rüstzeug trägt das Institut mit der praxisorientierten Aufbereitung und Bereitstellung von Informationen aus dem In- und Ausland bei. Gerade die in Köln ständig vorangetriebene Verfeinerung des Rechnungswesens und die kontinuierlich angestellten Konkurrenzvergleiche haben großen Anteil daran, die relativen Wettbewerbspositionen der Unternehmen zu bestimmen und den Wettbewerbsgeist in der Branche zu bestärken.

Die absehbare demographische Entwicklung wird die umlagefinanzierte gesetzliche Rentenversicherung vor erhebliche Probleme stellen. Die einzige Lösung bietet die verstärkte eigenverantwortliche Vorsorge über die Lebensversicherung und die betriebliche Altersvorsorge. Auch in diesem Kontext sind in Köln wegweisende Arbeiten entstanden, die nicht zuletzt die mathematischen Grundlagen und Prognosemodelle für eine Gewichtsverlagerung zur eigenverantwortlichen Vorsorge geschaffen haben.

Die Bedeutung des Versicherungswissenschaftlichen Instituts an der Universität zu Köln kann also — bei allem Respekt vor anderen versicherungswissenschaftlichen Einrichtungen — gar nicht hoch genug eingeschätzt werden. Die Versicherungswirtschaft und ihre Verbände haben in diesem Institut stets einen vertrauensvollen Partner. Konstruktive Kritik schließt dies selbstverständlich mit ein. Für das nächste halbe Jahrhundert wünsche ich dem Institut, daß es seinen außerordentlich hohen Standard in Forschung und Lehre bewahren und der Versicherungswirtschaft ein unersetzlicher Wegbegleiter und wissenschaftlicher Berater bleiben möge.

Grußworte des Vorsitzenden des Vorstands des Deutschen Vereins für Versicherungswissenschaft e.V. Prof. Dr. jur. Dr.-Ing. E. h. Reimer Schmidt

Nachdem die Universität, die Stadt Köln und die Versicherungswirtschaft gratuliert haben, darf ich einige Worte der Hochachtung, Freundschaft, des Dankes und der Gratulation im Namen des Deutschen Vereins für Versicherungswissenschaft anschließen, einer im Jahre 1899 gegründeten wissenschaftlichen Gesellschaft, in der Sie, lieber Herr Farny, seit vielen Jahren an hervorragender Stelle im Vorstand, im Plenum und in den Abteilungen mitarbeiten.

Ihr Institut für Versicherungswissenschaft zu Köln, in dem unter Führung der Wirtschaftswissenschaften bei teilweise eigenen universitätsrechtlichen Strukturen auch die Versicherungsjuristen und -mathematiker wirken, hat wesentliche Beiträge zur Entwicklung der Individualversicherung in Deutschland geleistet.

Als ich mich unmittelbar nach dem Kriege mit den Versicherungswissenschaften zu beschäftigen bekann, war ich von Paul Moldenhauer aus Köln beeindruckt, der 1905 das zweibändige Werk „Das Versicherungswesen" schrieb und der sich auch eingehend mit der Sozialversicherung beschäftigte. Er war übrigens Reichswirtschaftsminister und Reichsjustizminister in der Weimarer Republik. Die gut begründete, zeitweilig unterbrochene wissenschaftliche Tradition, die von den Professoren Helpenstein, Rohrbeck, Roehrbein und Süss weitergetragen wurde, läßt unterschiedliche Höhepunkte erkennen. In der Ära Rohrbeck begann auch Professor Kracke als Lehrbeauftragter, um länger als ein Menschenalter seinen Esprit und sein persönliches Ansehen auf die in ihren Anfängen nicht sonderlich hoch eingeordnete Praxis der Versicherungsmathematik einwirken zu lassen.

Es wäre eine sachliche und menschliche Unterlassung, Professor Karl Hax hier nicht zu erwähnen, der als wissenschaftlicher Betriebswirt von hohem Ethos die damalige Versicherungslehre weit über Buchhaltung, Jahresabschluß und Organisationslehren hinaushob.

Es war dann bereits eine Kölner Schule begründet, als Paul Braeß als Ordinarius und Institutsdirektor — er war vorher Oberassistent des Institut für Weltwirtschaft in Kiel, danach Direktor der Mecklenburger öffentlichrechtlichen Versicherungsanstalt und dann Oberstadtdirektor in Westdeutschland gewesen — geradezu „mit einer neuen Raketenstufe“ mit Hingabe, Verläßlichkeit, wissenschaftlichem Einfallsreichtum und persönlichem Charme die Dinge weiterbrachte. Damit war auch ein Schritt in Richtung der Kenntnisnahme von der international bestimmten US-amerikanischen Versicherungsforschung und ihrer Durcharbeitung getan. Die Herren Farny und Karten als seine damaligen Assistenten haben die Kölner Schule in Europa und darüber hinaus bekanntgemacht und der gesamten Versicherungswirtschaft in Deutschland, jetzt auch insoweit der östlichen Bundesländer, Impulse verliehen. Das Bild wäre unvollständig, wenn hier nicht die Herren Ernst Klingmüller und Ulrich Hübner genannt werden würden, die beide mit großer — unterschiedlich orientierter — Bandbreite der Wissenschaft und der Praxis des Versicherungsrechts nachhaltig und wirksam gedient haben und dienen.

Nun feiern wir heute das Jubiläum des Instituts, so daß ich es mir versagen muß, eine Laudatio auf Herrn Farny zu halten. Herr Farny hat indessen selbst mit seinem „termingerecht“ zum Jubiläum erschienenen Werk über die Versicherungsbetriebslehre seinem Institut ein Geschenk gemacht, das viel einfacher und eindrucksvoller zum Ausdruck bringt, was dem Deutschen Verein und mir am Herzen liegt. Gesamtdarstellungen des Gebiets der ökonomischen Versicherungswissenschaft sind selten. Das „große“ Buch von Prof. Moldenhauer habe ich bereits genannt. Professor Werner Mahr aus München hat im Jahre 1950 ein Lehrbuch geschrieben, das auf der Mittellinie zwischen Volks- und Betriebswirtschaftslehre liegt. Zwar gab es neben den großen Lehrbüchern von Bruck (1930) und von Ehrenzweig (1952) sowie dem Schweizer König (1951) und neben dem Großkommentar von Hans Möller bis dahin wesentliche Gesamtdarstellungen auf dem Gebiet des Versicherungsrechts. Auf ökonomischem Gebiet klaffte aber insoweit eine Lücke. Sie wurde hier in Köln für die wissenschaftliche Betriebswirtschaftslehre ausgefüllt.

Der Deutsche Verein für Versicherungswissenschaft mit mehr als 1 700 Mitgliedern fühlt sich in einem vertretbaren Maße für die wissenschaftliche Entwicklung auf „seinem“ Gebiet mitverantwortlich. Aus dieser Verantwortung heraus muß heute gesagt werden, daß — bei Erfüllung der enormen Anforderungen auf dem Gebiet der Lehre und Praxis — das Kölner Institut die wissenschaftliche Erkenntnis weitergebracht hat. Wir haben das gewiß auch in den nächsten Jahrzehnten sehr nötig und hoffen auf das Kommende.

Prof. Dr. Ulrich Hübner

Die Geschichte des Instituts für Versicherungswissenschaft an der Universität zu Köln

A. Versicherungswissenschaft in Köln vor der Gründung des Instituts für Versicherungswissenschaft

Als am 6. November 1940 die Eröffnung des Instituts für Versicherungswissenschaft gefeiert wurde, hatte das Fach Versicherungswissenschaft in Köln bereits eine annähernd vierzigjährige Tradition. Nicht nur auf die fünfzigjährige Geschichte des Instituts für Versicherungswissenschaft gilt es heute Rückschau zu halten; dieses Jubiläum bietet auch Gelegenheit, an die schon seit Beginn dieses Jahrhunderts währende akademische Behandlung des Fachs Versicherungswissenschaft in Köln zu erinnern.

Die am 15. Januar 1901 gegründete Städtische Handelshochschule Köln, die Vorgängerin der heutigen Universität, behandelte das Versicherungswesen von Anfang an, wenn auch zunächst nur als Teilgebiet der Fächer Volkswirtschaftslehre und Rechtslehre. Dies erstaunt nicht angesichts des Initiators der Handelshochschule, Gustav v. Mevissen. Der rheinische Großkaufmann und Politiker, der entscheidend zur Gründung der Handelshochschule beitrug, war nämlich nicht nur im Bank- und Eisenbahngeschäft, sondern auch im seinerzeit noch verhältnismäßig jungen Versicherungsgeschäft aktiv. So besteht auch in diesem Zweig von Anfang an eine traditionelle Verbindung zwischen Kölner Bürgertum und Hochschule.

I. Versicherungswissenschaft an der Handelshochschule und der Universität unter Paul Moldenhauer

Die Versicherungswissenschaft in Köln ist in den ersten drei Jahrzehnten dieses Jahrhunderts insbesondere geprägt durch die Person Paul Moldenhauers (2. Dezember 1876 bis 1. Februar 1947). Nach seiner Habilitation, der ersten an der Handelshochschule, nahm Moldenhauer den am 1. Oktober 1903 eingerichteten Lehrstuhl für Versicherungswissenschaft ein. Kurze Zeit später wurde dank einer großzügigen Spende der Versicherungswirtschaft der Grundstock für die heute mehr als 43 800 Titel umfassende Bibliothek unseres Instituts gelegt. Als die Kölner Universität im Jahre 1919 auf der Grundlage der Handelshochschule und anderer Einrichtungen wiedergegründet wurde, führte Moldenhauer die Versicherungswissenschaft im Rahmen der Wirtschafts- und Sozialwissenschaftlichen Fakultät weiter. 1920 erfolgte die Gründung des Seminars für Versicherungslehre, das von Prof. Moldenhauer bis zum Jahre 1929 geleitet wurde. Die Kölner Lehrtätigkeit des politisch sehr aktiven Versicherungswissenschaftlers endete durch seine Bestellung zum Reichswirtschaftsminister (November und Dezember 1929) und Reichsfinanzminister (Dezember 1929 bis Juni 1930) in den Kabinetten Müller und Brüning. Trotz seiner nur achtmonatigen, für die Endphase der Weimarer Republik aber gleichwohl nicht ungewöhnlich kurzen Amtszeit kehrte Moldenhauer nicht auf den verwaisten Lehrstuhl in Köln zurück, sondern lehrte bis 1943 an der TH Berlin.

Die Lehrtätigkeit Moldenhauers umfaßte sowohl die Versicherungswirtschaftslehre als auch das Versicherungsrecht. Individualversicherung und Sozialversicherung wurden zunächst gleichrangig gelehrt, ab 1920 rückte die Sozialversicherung immer mehr in den Mittelpunkt. Von 1908 bis 1921 stand auch die Versicherungsmathematik auf dem Lehrplan. Vorlesungen auf diesem Gebiet wurden in unregelmäßigen Abständen von den Lehrbeauftragten Prof. Dr. Kowalewski, Prof. Dr. Hausdorff und Dr. Dörge abgehalten.

II. Franz Helpenstein

Auf die Ära Moldenhauer folgte das Wirken von Prof. Dr. Franz Helpenstein (1889-1937)[1]. Helpenstein hatte sich 1926 an der Wirtschafts- und Sozialwissenschaftlichen Fakultät habilitiert. 1932 erhielt er einen Lehrauftrag für betriebliche Steuerlehre. Von 1935 an vertrat er offiziell die Versicherungswissenschaft in Köln. Nach seinem Tod im Jahre 1937 wurde die entstehende Lücke durch Lehraufträge gefüllt. Diese wurden von Herrn Direktor Dr. John sowie den späteren Professoren Dres. Roehrbein und Wilhelm Minz, dem Vater des heute in der versicherungswirtschaftlichen Abteilung unseres Instituts als Honorarprofessor tätigen Prof. Dr. Günther Minz, wahrgenommen. Auf alle drei wird noch näher einzugehen sein. Versicherungswissenschaft in Köln gab es also schon vor der Institutsgründung.

---

[1] Vgl. Farny und Rose, Franz Helpenstein (1889-1937), aus: Betriebswirte in Köln, Köln und Wien 1988, S. 71-80.

B. Die Geschichte des Instituts für Versicherungswissenschaft von 1940 bis 1965

Seit dem Jahr 1940 besteht für die akademische Beschäftigung mit der Materie Versicherung in dieser Stadt zusätzlich zu den Lehr- und Forschungseinrichtungen *der* Universität das Institut für Versicherungswissenschaft. Mit dessen Gründung untrennbar verbunden ist Prof. Dr. Dr. Walter Rohrbeck (1885-1956).

I. Der Institutsgründer: Walter Rohrbeck

Der am 20. August 1885 in Königsberg geborene Rohrbeck verbrachte seine Schul- und Studienjahre in Berlin. Nach seiner juristischen Promotion über den Hagelversicherungsvertrag erwarb er den Dr. phil. mit einer Dissertation über die Organisation der Hagelversicherung in Deutschland. Nach verschiedenen Tätigkeiten in Unternehmen und Verbänden der Assekuranz begann er Anfang der 30er Jahre mit seiner zunächst nebenamtlichen Lehrtätigkeit. 1934 erhielt er einen Lehrauftrag an der Wirtschaftshochschule Berlin, im Januar 1939 erfolgte die Ernennung zum Honorarprofessor. Zum 1. September 1939 nahm Rohrbeck den Ruf auf den Lehrstuhl für Versicherungswissenschaft der Universität Köln an.

II. Die Geschichte der Gründung des Instituts

Zu diesem Zeitpunkt gab es in Köln wohl schon Vorüberlegungen zur Gründung eines versicherungswissenschaftlichen Instituts. Diese Pläne waren für Rohrbeck mitentscheidend für seinen Wechsel von Berlin nach Köln; er begann mit den Vorarbeiten zur Gründung des Instituts. Dabei waren ihm seine guten Kontakte zur Versicherungswirtschaft dienlich. Nicht minder verdienstvoll waren die Anstrengungen des erwähnten Dr. Edgar John, Vorstandsmitglied im Gerling-Konzern. Wie schon anläßlich des 25jährigen Jubiläums festgestellt wurde, hat sich John als treibende Kraft bei der Gründung des Instituts, als Lehrbeauftragter der Universität sowie als stellvertretender Vorsitzender des Fördervereins große Verdienste erworben. Vor allem seinen Bemühungen war es zu verdanken, daß der Verein der Förderer des Instituts für Versicherungswissenschaft, dessen Gründungsversammlung am 6. Februar 1940 im Aufsichtsratszimmer des Gerling-Konzerns stattfand, zum Zeitpunkt der Institutsgründung bereits 76 Mitglieder hatte. Zu diesen zählten überwiegend Unternehmen der Versicherungswirtschaft, darunter alle im Rheinland und in Westfalen ansässigen Versicherer, aber auch einige Generalagenten und Makler und nicht zuletzt als Sozialversicherungsträger die Landesversicherungsanstalten Rheinprovinz und Westfalen. Trotz widriger Umstände setzte sich das Bestreben durch, die Bedeutung Kölns — damals wie heute ein Zentrum der Versicherungswirtschaft — als westlichen Stützpunkt der Versicherungswissenschaft zu verstärken.

Als Vorbild konnten die 1938 und 1939 in Leipzig und Berlin gegründeten Institute mit gleicher wissenschaftlicher Ausrichtung dienen. Da diese Institute nicht mehr bestehen, feiern wir heute das älteste noch bestehende deutsche versicherungswissenschaftliche Institut. Es ist unsere Hoffnung, daß unsere Vorgänger im Zeichen der historischen Veränderungen in Deutschland und Europa ihre Stellung wiedererlangen. Ihnen dabei zur Seite zu stehen, ist für uns eine Selbstverständlichkeit und gemeinsame Verantwortung.

Aus dem Kreis der Gründer muß neben Prof. Rohrbeck und Dr. John noch ein Dritter erwähnt werden. Konsul Karl Haus (21. April 1900 bis 29. Mai 1967), bis 1953 Vorsitzender des Vorstandes der Colonia-Versicherung, anschließend Teilhaber des Bankhauses Sal. Oppenheim & Cie., Ehrenbürger der Universität zu Köln, Inhaber zahlreicher weiterer Ehrenämter und -titel, war von der Gründung des Vereins der Förderer des Instituts für Versicherungswissenschaft an mehr als 25 Jahre lang dessen Vorsitzender. Man kann es nur als ausgesprochenen Glücksfall bezeichnen, daß das Institut so viele Jahre mit Konsul Haus eine Unternehmerpersönlichkeit begleitete, welcher immer der Wert der wissenschaftlichen Durchdringung der Versicherungsprobleme für die Praxis bewußt war. Dabei ließ Konsul Haus seine geistige und materielle Hilfe nicht nur dem Institut für Versicherungswissenschaft zukommen; seine Unterstützung war vielmehr fakultätsübergreifend. Deshalb wurde ihm bereits im Jahre 1950 anläßlich des zehnjährigen Bestehens des Fördervereins mit der Ernennung zum Ehrenbürger der Universität zu Köln die höchste von der alma mater coloniensis zu vergebende Würde verliehen.[2]

III. Die Einweihungsfeier am 6. November 194

Bereits ein Dreivierteljahr nach der Gründung des Fördervereins konnte am 6. November 1940 das Institut für Versicherungswissenschaft förmlich seiner Bestimmung übergeben werden. Die festliche Veranstaltung wurde eingerahmt durch Präludium und Fuge D-Dur von Johann Sebastian Bach sowie das Konzertstück a-Moll von César Franck, beide vorgetragen von Prof. Michael Schneider, Köln. Zu den Ehrengästen zählte auch der bereits annähernd achtzigjährige Ehrenvorsitzende des Deutschen Vereins für Versicherungswissenschaft, Geh. Regierungsrat Dr. jur. Dr. rer. pol. h . c. Karl Samwer, der die beschwerliche Reise von Gotha nach Köln auf sich genom-

[2] Vgl. Scheid in: In memoriam Karl Haus, Köln 1967, S. 16.

men hatte, um die Glückwünsche des Deutschen Vereins für Versicherungswissenschaft zu überbringen. Den Festvortrag hielt Prof. Dr. Werner Weber zu dem Thema „Das Reichsaufsichtsamt für Privatversicherung und sein Verfahren in rechtspolitischer Betrachtung". Weber forderte in diesem Vortrag, das funktionsunfähige Senatsverfahren zur Kontrolle von Entscheidungen des Reichsaufsichtsamts durch die Möglichkeit der Anrufung des Reichsverwaltungsgerichts bzw. bis zu dessen Einrichtung des Reichswirtschaftsgerichts zu ersetzen.[3] Hält man sich vor Augen, daß das Reichsaufsichtsamt unter nationalsozialistischer Herrschaft von einer gewerbepolizeilichen Behörde immer mehr zu einem Instrument der Wirtschaftslenkung umgestaltet worden war, konnte der anläßlich der Institutseinweihung gehaltene Festvortrag Webers von Prof. Braeß fünfundzwanzig Jahre später anläßlich des „silbernen" Institutsjubiläums zu Recht als eindrucksvolles Bekenntnis zur Rechtsstaatlichkeit gewürdigt werden. Dieser Vortrag kann ebenso wie die anläßlich der Eröffnungsfeier gehaltenen Ansprachen und Grußworte im Festheft zur Eröffnung des Instituts, erschienen als Heft Nr. 1 der Schriftenreihe des Instituts für Versicherungswissenschaft (alte Folge), nachgelesen werden. Die Antrittsvorlesung von Prof. Rohrbeck, gehalten am Tag vor der Institutseinweihung zum Thema „Versicherungswissenschaft und Versicherungswirtschaft", ist ebenfalls in dieser Schrift enthalten.

IV. Die ursprüngliche Gliederung des Instituts

Das Institut für Versicherungswissenschaft war ursprünglich in vier Abteilungen gegliedert. Die erste Abteilung für Versicherungswissenschaft und Versicherungswirtschaft wurde von Prof. Rohrbeck geleitet. Er wurde dabei von den Herren Dres. John und Minz unterstützt.

Die Abteilung Versicherungsrecht wurde von dem späteren Honorarprofessor Dr. Erich Roehrbein geführt, der seit 1930 einen Lehrauftrag für Versicherungsrecht innehatte. Roehrbein, der im Hauptberuf Richter und Präsident des Landessozialgerichts war, blieb bis zu seinem Tod im Jahr 1964 dem Institut verbunden. Seine Vorlesungstätigkeit umfaßte das Recht der Individualversicherung und der Sozialversicherung. Das Aufsichtsrecht hingegen wurde zunächst von Prof. Rohrbeck übernommen. 1962 verlieh das Institut Erich Roehrbein die Ehrenmitgliedschaft.

Der dritten Abteilung, die sich der Versicherungsmathematik widmete, stand Herr Prof. Dr. Dörge vor. Erst 1947 wurde ein Lehrstuhl für Versicherungsmathematik eingerichtet. Diesen nahm 1950 Prof. Dr. Albert Noack ein.

---

[3] Weber, Grund- und Zeitfragen der Versicherungswirtschaft und Versicherungswissenschaft, Berlin 1941, S. 60 (74).

Bei der Gründung des Instituts war der Versicherungsmedizin noch eine eigene Abteilung gewidmet. Diese Abteilung wurde von Herrn Prof. Dr. Coerper geleitet. Dieser betreute auch die Sozialversicherungsmedizin, während Stadtmedizinalrat Dr. Schwellnus Unfallversicherungsmedizin und Chefarzt Dr. Boden Lebensversicherungsmedizin lasen.

Mit der Gründung des Instituts für Versicherungswissenschaft der Universität Köln erlebte die wissenschaftliche Arbeit in allen Teilgebieten der Materie Versicherung in Köln ihren ersten Höhepunkt. Trotz des Krieges konnte ein Lehrbetrieb aufrecht erhalten werden, der innerhalb der Versicherungswirtschaftslehre die Individualversicherung und die Sozialversicherung, beide unter besonderer Betonung soziologischer Zusammenhänge, außerdem auch das Versicherungsvertragsrecht und die Versicherungsmedizin umfaßte.

V. Die Räumlichkeiten des Instituts

Die Räume des Instituts im alten Universitäsgebäude waren schon bald zu klein, um die schnell wachsende Bibliothek und das umfangreiche Archiv zu fassen. Außerdem stellte sich bald ein weiteres Problem. Aufgrund der kriegsbedingten Verdunklungsmaßnahmen mußte das ehemalige Hauptgebäude der Universität bereits um 17 Uhr geschlossen werden. Die Angestellten der in Köln ansässigen Versicherungsunternehmen hatten aber zu diesem Zeitpunkt erst Feierabend, so daß sie praktisch von der Benutzung des Instituts ausgeschlossen waren. Also mußte ein Haus gefunden werden, in dem die Räume des Instituts außerhalb des Hauptgebäudes untergebracht werden konnten. Nachdem die Bemühungen um ein Haus in der Geibelstraße gescheitert waren, kam es schließlich — unter tatkräftiger Mithilfe des Fördererverveins — zur Anmietung des Hauses Gleueler Straße 59. Dort befanden sich neben Bibliotheks- und Arbeitsräumen auch Hörsäle, so daß das Institut praktisch „autark" war. Doch schon bald mußte man feststellen, daß der Bestand der Bibliothek und des Archivs durch die Baufälligkeit des Hauses und durch Fliegerschäden gefährdet war. Dies machte eine Auslagerung der Bestände erforderlich. Das damals bereits 1000 Kästen umfassende Archiv wurde in das Privatanwesen von Prof. Rohrbeck in Züllichau (Ostbrandenburg, heute Polen) ausgelagert. Die Bibliothek hingegen wurde nach Altenkirchen im Westerwald verbracht und hat die letzten Kriegsjahre verhältnismäßig unbeschadet überstanden. Nach Kriegsende wurde das Institut zunächst für kurze Zeit unter sehr beengten räumlichen Bedingungen im Hauptgebäude der Universität untergebracht, worauf jedoch recht bald ein Umzug in das Haus Universitätsstraße Nr. 22 erfolgte. Als die Räumlichkeiten — trotz mehrfacher Erweiterungen, nicht zuletzt wegen der expandierenden juristischen Abteilung — dort insbesondere die Bibliothek nicht mehr zu fassen vermochten, erfolgte 1972 der Umzug in das jetzige

Domizil, das ehemalige evangelische Waisenhaus Sülz „Küpper-Stift" in der Kerpener Straße 30. Die Fassade des um die Jahrhundertwende erbauten Hauses schmückt heute das Telefonbuch von Lindenthal.

VI. Die Weiterführung des Instituts nach Kriegsende durch Prof. Dr. Dr. h. c. Karl Hax

Die rasche Wiederaufnahme des Institutsbetriebs nach Kriegsende und der Rücktransport der Bücher aus dem Westerwald sind in erster Linie dem Einsatz von Prof. Dr. Dr. h. c. Karl Hax, dem Vater des jetzigen Lehrstuhlinhabers für Allgemeine Betriebswirtschaftslehre und Betriebswirtschaftliche Finanzierungslehre der WiSo-Fakultät, zu verdanken. Hax habilitierte sich mit einer Arbeit über die Betriebsunterbrechungsversicherung noch während des Krieges in Köln, wo er auch schon promoviert worden war. Da Prof. Rohrbeck seine Tätigkeit erst im Jahr 1949 wieder aufnehmen konnte, war das Institut zunächst ohne Leitung. Obwohl der damalige Privatdozent Hax auch eine Lehrtätigkeit an der Höheren Wirtschaftsfachschule der Stadt Köln wahrzunehmen hatte, stellte er seine Schaffenskraft in den Dienst des Instituts; aus Briefen des Jahres 1946 ist zu entnehmen, daß Hax selbst mit einigen Helfern die ca. fünfundzwanzig- bis dreißigtausend Bücher der Institute für Versicherungswissenschaft und Verkehrswissenschaft nach Köln verbrachte und dort auf provisorischen Bretterregalen aufstellte und ordnete, so daß die Bibliothek relativ früh wieder benutzbar wurde und auch — wie denselben Quellen zu entnehmen ist — lebhaft benutzt wurde. Ebenfalls ihm und auch dem Fördererverein ist es zu verdanken, daß Bestrebungen, das Fach Versicherungswissenschaft von der Universität zu verdrängen, welche nach dem Krieg bestanden haben sollen, keinen Erfolg hatten.

Hax wurde Anfang der fünfziger Jahre Ordinarius an der Technischen Hochschule Darmstadt und anschließend an der Universität Frankfurt. Die Verbindung zu seinem Heimatinstitut riß aber nie ganz ab, wofür unter anderem zahlreiche von ihm im Kölner Institut gehaltene Vortäge zeugen.

VII. Die Umwandlung in ein Institut an der Universität

In die unmittelbare Nachkriegszeit fällt auch eine wichtige Änderung des organisationsrechtlichen Status des Instituts. Das Institut war entgegen dem gemeinsamen Ansinnen des Fördererverein und Herrn Prof. Rohrbecks als ein Institut *der* Universität Köln gegründet worden. Der von Dr. John und Prof. Rohrbeck entworfene Satzungsvorschlag, der eine Gründung als Institut *an der* Universität Köln vorsah, wurde vom Kuratorium der Universität nicht genehmigt. Um die Institutsgründung nicht auf unabsehbare Zeit verschieben zu müssen oder sie gar insgesamt zu gefährden, blieb den Institutsgründern nichts anderes übrig, als die Satzung entsprechend den Wünschen des Kuratoriums umzuarbeiten und das Institut als ein solches der Universität zu gründen. Institute an der Universität zu Köln sind Einrichtungen zur Förderung von Forschung und Lehre auf einem bestimmten Fachgebiet. Die finanzielle Trägerschaft liegt allein bei einem Fördererverein. Die Institute an der Universität zu Köln unterstützen und ergänzen die Einrichtungen der Universität zu Köln, die aus staatlichen Mitteln finanziert werden, bei den Aufgaben von Forschung und Lehre. Die größere Unabhängigkeit von der Universität und damit im Jahr 1940 auch von staatlicher Einflußnahme, welche die Organisationsform des Instituts an der Universität bietet, dürfte den Ausschlag für die abschlägige Entscheidung des Kuratoriums gegeben haben. Kurioserweise scheiterte jedoch, wie dem damaligen Schriftwechsel zwischen der Universität und dem Wissenschaftsministerium in Berlin zu entnehmen ist, die Institutsgründung beinahe wegen der drohenden Verweigerung der Genehmigung der Satzung durch das Wissenschaftsministerium Berlin. Dieses wollte wiederum nur die Gründung eines Instituts an der Universität zu Köln genehmigen. Soweit man dies aus heutiger Sicht beurteilen kann, geschah dies jedoch nicht, weil Berlin dem Institut mehr Freiheit gegenüber der Universität zukommen lassen wollte, sondern schlicht aus Verärgerung darüber, daß das Kuratorium das Ministerium erst sehr spät von der geplanten Gründung unterrichtet hatte. Der Versuch des Kuratoriums, die Bedenken des Ministeriums dadurch zu beseitigen, kein neues Institut zu gründen, sondern nur das bereits bestehende Seminar für Versicherungslehre umzubenennen, scheiterten; glücklicherweise, muß man heute feststellen. Schließlich genehmigte Berlin knapp einen Monat vor der offiziellen Eröffnungsfeier des Instituts die Satzung vorläufig; deren endgültige Ausarbeitung sollte nach Kriegsende erfolgen. Obwohl es sich also zunächst formaljuristisch um ein Institut der Universität gehandelt hat, lag gleichwohl die finanzielle Trägerschaft von Anfang an ganz überwiegend beim Förderverein, so daß das Institut faktisch doch die Stellung eines solchen an der Universität hatte. Am 19.06.1949 wurden die ursprünglichen Pläne des Fördervereins und von Herrn Prof. Rohrbeck wieder aufgenomen und im Rahmen der Mitgliederversammlung des Fördervereins die Umwandlung des Instituts in ein solches an der Universität beschlossen. Der Minister für Wissenschaft und Forschung des Landes Nordrhein-Westfalen erteilte die Genehmigung für diese Umwandlung.

VIII. Das Wirken Rohrbecks nach dem Krieg

Prof. Rohrbeck nahm seine Lehrtätigkeit im Jahre 1949 wieder auf. Bereits Anfang des Jahres 1950 fand in Köln auf seine Initiative hin die erste Tagung der Arbeitsgemeinschaft deutscher Versicherungswissenschaftler statt, einer Einrichtung, die bis zur Wiedergründung des Deutschen Vereins für Versicherungswissenschaft dessen Aufgaben teilweise übernahm. Auf dieser Tagung wurde über die Aufgabe der Versicherungswissenschaft allgemein und die Frage debattiert, ob die Versicherungswissenschaft an den Hochschulen besser fachübergreifend als eigene Disziplin oder in ihren Spezialdisziplinen an den jeweiligen Fakultäten anzusiedeln sei. Außerdem ging es um die Wiedereinführung einer großen versicherungswissenschaftlichen Zeitung mit Archivcharakter. Zu den Teilnehmern gehörten alle namhaften Versicherungswissenschaftler dieser Zeit.

Ab 1950 war neben Rohrbeck Prof. Dr. Albert Noack tätig. Leider blieb die Pflege der Versicherungsmathematik durch ein Ordinariat in der Math.-Nat.-Fakultät eine kurze Episode. Nach dem frühen Tod von Noack im Jahre 1957 wurde der Lehrstuhl schon bald anderen Aufgaben gewidmet. Prof. Dr. Ewald Burger besetzte ihn zwar noch, gab ihn aber zurück, um sich anderen Gebieten der Mathematik zu widmen. Man wird dennoch sagen könen, daß in den sieben Jahren des Tätigseins von Noack schon von den personellen Gegebenheiten das Herzstück des Instituts die Abteilungen Versicherungswirtschaft und Versicherungsmathematik waren. Versicherungsrecht und Versicherungsmedizin, die nur von nebenamtlich tätigen Dozenten vertreten waren, mußten zwangsläufig zurückstehen. Daß sich die Gewichte später von der Versicherungsmathematik zum Versicherungsrecht verschoben, hängt einmal mit der Gründung des Instituts für Versicherungsrecht zusammen. Ebenso ursächlich war die Entfremdung des Lehrstuhls für Versicherungsmathematik, der nach dem Tod von Prof. Noack immer mehr für allgemeine angewandte Mathematik genutzt wurde, und zwar in einer Weise, daß Herr Prof. Pfanzagl, der Leiter der versicherungsmathematischen Abteilung unseres Instituts, bereits vor 25 Jahren feststellen mußte, daß der Lehrstuhl für Versicherungsmathematik praktisch nicht mehr existiert. An dieser Situation hat sich bis zum heutigen Zeitpunkt nichts geändert, die „Aktuare" wurden durchgängig von nebenberuflichen Dozenten betreut mit allen damit verbundenen Problemen; um so größer ist der Einsatz der Herren zu schätzen, die die versicherungsmathematischen Vorlesungen seit 1957 abgehalten haben; dabei ist insbesondere an unseren auch wegen seiner persönlichen Ausstrahlung geschätzten, kürzlich verstorbenen Kollegen Georg Heubeck zu erinnern, gleichermaßen aber auch an Prof. Dr. Helmut Kracke. Derzeit werden die versicherungsmathematischen Vorlesungen vor allem von Dr. Klaus Heubeck gehalten.

Rohrbeck hat das Institut bis zu seiner Emeritierung im Jahr 1953 geleitet. Sein Werkeverzeichnis[4] belegt seine große Schaffenskraft. Er blieb dem Institut bis zu seinem Tod im April 1956 verbunden. Kurz zuvor wurde er mit dem Großen Bundesverdienstkreuz ausgezeichnet.

IX. das Interregnum Heyde

Auf die Ära Rohrbeck folgte bis zur Wiederbesetzung des Lehrstuhls für Versicherungswissenschaft ein Interregnum, das von Herrn Prof. Heyde ausgefüllt wurde, der das Institut mit Unterstützung des langjährigen Assistenten Dr. Dr. H. G. Lobscheid kommissarisch leitete und den Institutsbetrieb aufrecht erhielt. Zu erwähnen ist ebenfalls die Vorlesungstätigkeit von Herrn Dr. v. d. Thüsen im Wintersemester 1954/55.

X. Das Wirken von Paul Braeß

Am 1. Dezember 1957 begann eine neue Zeit in der Geschichte des Instituts, die Ära Braeß. Prof. Dr. sc. pol. Paul Braeß, nach Moldenhauer, Helpenstein und Rohbeck der vierte versicherungswissenschaftliche Ordinarius in Köln, führte das Institut fünfzehn Jahre lang; unter seiner Ägide erlebte das Fach Versicherungswissenschaft einen neuen Höhepunkt an unserer Universität. Wie schon mit Walter Rohrbeck hatte das Institut mit Paul Braeß einen Leiter, in dessen Person Theorie und Praxis des Versicherungswesens eine fruchtbare Synthese bildeten. Dies zeigt schon die Vita von Paul Braeß.[5] Geboren am 12.7.1904 in Düsseldorf, promovierte er 1931 nach dem Studium der Nationalökonomie an den Universitäten Münster und Kiel mit einer finanzwissenschaftlichen Arbeit zum Thema „Steuersystem und Preisniveau". Sein Übertritt ins Berufsleben wurde durch die auf ihrem Höhepunkt befindliche Weltwirtschaftskrise erschwert. Braeß arbeitete zusammen mit Emil Frey und Erich R. Prölss in einem wissenschaftlichen Stab bei der Schleswig-Holsteinischen Landesbrandkasse. Sein beruflicher Werdegang führte ihn über die Position des Direktors der Mecklenburgischen Brandkasse in Rostock, wobei er gleichzeitig einen Lehrauftrag an der Universität Rostock wahrnahm, und eines Referenten im Finanzministerium Schleswig-Holstein in die Kommunalverwaltung, wo er in Remscheid als Kämmerer und ab 1951 als Oberstadtdirektor tätig war. Zwar hatte sich Braeß nie vollständig von der Wissenschaft abgewandt, jedoch traf ihn seine

[4] In: Walter Rohrbeck 70 Jahre (ohne Verf. und Herausgeber).

[5] Vgl. dazu: Farny, Das wissenschaftliche Werk von Paul Braeß, ZVersWiss 1974, S. 65 ff.; Hax, Nachruf auf Prof. Dr. Paul Braeß, Schmalenbachs Zeitschrift für betriebswirtschaftliche Forschung 1973, S. 484.

Berufung auf den Kölner Lehrstuhl nach eigenem Bekunden vollkommen überraschend, da er seinem alten Fach schließlich 18 Jahre entfremdet gewesen sei. Man mag diesen für einen Hochschullehrer sicherlich atypischen Werdegang mit Karl Hax bedauern, da Paul Braeß so nur 15 Jahre zur Verwirklichung seiner wissenschaftlichen Ziele blieben.[6] Gleichwohl zeugt von seiner Bedeutung für die deutsche Versicherungswissenschaft neben seinem umfänglichen Werkeverzeichnis[7] der Umstand, daß im Zeitpunkt seines Ablebens von den vier mit der Versicherungswirtschaftslehre in der Bundesrepublik Deutschland befaßten Lehrstühlen drei mit Schülern von Paul Braeß besetzt waren. Wie zu Prof. Rohrbecks Zeiten wurde auch unter Prof. Braeß der Sozialversicherung dieselbe wissenschaftliche Aufmerksamkeit gewidmet wie der Individualversicherung. Die Beschäftigung mit der Sozialversicherung ist bei beiden schon von ihrer beruflichen und wissenschaftlichen Provenienz her angelegt.

Betrachtet man das wissenschaftliche Werk von Paul Braeß, so hat insbesondere das Buch „Versicherung und Risiko“, erschienen 1959 in der Schriftenreihe „Die Wirtschaftswissenschaften“, sowohl die wissenschaftliche Diskussion zur Risikotheorie als auch die praktische Risikopolitik der Versicherer nachhaltig beeinflußt. Die wissenschaftlichen, aber auch menschlichen Qualitäten von Paul Braeß zeigten sich auch in seiner Berufung in den Sozialbeirat der Bundesregierung und die Übernahme der Schiedsrichterrolle im Tarifstreit des Versicherungsgewerbes.

Der Lehrbetrieb des Instituts war unter der Leitung von Paul Braeß folgendermaßen gegliedert: Er selbst las in einem 3-Semester-Turnus sechs Vorlesungen. Diese behandelten die allgemeine Versicherungslehre, Grundzüge der Sozialversicherung, Sachversicherungszweige, Personen- und Vermögensversicherung, Betriebswirtschaftliche Fragen der Versicherung sowie die Rechnungslegung der Versicherer. Außerdem veranstaltete er Sondervorlesungen über „Versicherung und Risiko“, die in gleicher Weise von Studenten und Praktikern besucht wurden. Weiterhin hielt Prof. Roehrbein Vorlesungen über das Recht der Individualversicherung und das Recht der Sozialversicherung. Prof. Dr. Helmut Kracke las Versicherungsmathematik. Zum Kreis der Dozenten gehörten weiterhin Prof. Dr. Minz, ab 1. Oktober 1961 auch Prof. Dr. Klingmüller. Am 13. Juli 1962 erhielt Dr. Kurt Jantz einen Lehrauftrag für internationale Sozialversicherung. Am 6. Mai 1966 wurde er zum Honorarprofessor ernannt. Mit Prof. Dr. Jantz war zu diesem Zeitpunkt ein entscheidender Gestalter der Sozialreform von 1957 am Institut als Dozent tätig. Prof. Jantz ist als Ministerialdirektor und Leiter der Abteilung Sozialversicherung, seit Juli 1955 als Generalsekretär für die

---

[6] Hax, a.a.O.

[7] Veröffentlicht in: Farny (Hrsg.), Wirtschaft und Recht der Versicherung — Paul Braeß zum 66. Geburtstag, Karlsruhe 1969.

Sozialreform untrennbar mit der großen Rentenreform von 1957 verbunden. Auch Prof. Dr. Kracke steuerte versicherungsmathematische Berechnungen bei. Prof. Kracke war noch bis 1970 als Dozent am Institut tätig. Bis 1975 war er Vorsitzender der Deutschen Gesellschaft für Versicherungsmathematik, anschließend deren Ehrenvorsitzender. Ihm wird nachgesagt, er habe die deutsche Versicherungsmathematik gesellschaftsfähig gemacht.[8] Knapp sechsundachtzigjährig verschied er am 16. Februar 1986 als Nestor der deutschen Versicherungsmathematik.

Ebenso wie zu Prof. Rohrbecks Zeiten erfreuten sich die zahlreichen Vorträge in den Räumen des Instituts großen Interesses seitens der Studenten und Praktiker. Exkursionen führten das Institut u. a. in die Schweiz, nach Berlin, Hamburg und Kiel. Prof. Braeß hielt sich im Jahr 1964 zu einer Vortragsreise in den USA auf, wo er auch als Gastprofessor an der Pennsylvania State University tätig war.

Ein weiteres wichtiges Ereignis aus der ersten Hälfte der Ära Braeß stellt die Habilitation von Dieter Farny über die „Produktions- und Kostentheorie der Versicherung" dar. 1964 nahm Prof. Farny den Ruf auf den ordentlichen Lehrstuhl für Allgemeine Betriebswirtschaftslehre und Versicherungsbetriebslehre der Universität Mannheim an. Auch die Ordinarien für Versicherungsbetriebslehre in Hamburg (Prof. Dr. Walter Karten) und München (Prof. Dr. Elmar Helten) sowie einige Professoren der Fachhochschule Köln, besonders Prof. Dr. Johannes Wälder, stammen aus der „Schule Braeß" und erhielten ihre versicherungswissenschaftliche Ausbildung am Institut.

XI. Die Entwicklung der Abteilung Versicherungsrecht

Wie sich aus dem Vorlesungsplan ergibt, war das Versicherungsrecht zu Beginn der Amtszeit von Prof. Braeß zunächst nur durch Prof. Roehrbein vertreten. Trotz seines bereits hervorgehobenen Einsatzes für die Wissenschaft waren ihm zeitliche Grenzen durch seinen Hauptberuf als Richter gesetzt. Zum 1. Oktober 1961 wurde an unserer Universität aufgrund einer Empfehlung des Wissenschaftsrates ein Lehrstuhl für Versicherungsrecht, Bürgerliches Recht, Handelsrecht sowie das Institut für Versicherungsrecht der juristischen Fakultät eingerichtet. Die Berufung von Prof. Dr. Ernst Klingmüller auf diesen Lehrstuhl und seine Bestellung zum Leiter des Instituts für Versicherungsrecht führte zu einer Aufwertung des Versicherungsrechts innerhalb der Teildisziplinen des Instituts sowie zu einer Intensivierung der Forschungstätigkeit auf dem Gebiet des Versicherungsrechts.

Mit der Berufung von Ernst Klingmüller wurde für die Versicherungsjuristen an unserer Universität fortgesetzt, was bei den Versicherungswirtschaft-

---

[8] Becker, VW 1986, S. 398 (399).

lern schon Tradition war, nämlich die Berufung eines Mannes, dessen beruflicher Werdegang praktische und wissenschaftliche Erfahrungen vereinte. Als Ernst Klingmüller den Ruf auf den neugeschaffenen Kölner Lehrstuhl annahm, war er nach verschiedensten Aufgaben in Versicherungsunternehmen und Versicherungsverbänden als Geschäftsführer des Verlags Versicherungswirtschaft e.V. tätig. Auch das Karlsruher Forum war schon von ihm gemeinsam mit Heinrich Lehmann, Hans-Carl Nipperdey, Theodor Süß und Erich R. Prölss ins Leben gerufen. Nach seiner Berufung übte er weiterhin seine Tätigkeit als Chefredakteur der Zeitschrift Versicherungsrecht und „Manager" des Karlsruher Forums aus und gewann als Richter des Versicherungssenates des OLG Koblenz forensische Praxis im Umgang mit dem Versicherungsrecht.

Die Einrichtung des juristischen Ordinariats machte zunächst in organisatorischer Hinsicht einige Änderungen erforderlich. Räumlich fand das Versicherungsrecht Aufnahme im damaligen Domizil des versicherungswissenschaftlichen Instituts in der Universitätsstraße; der Eingang zum versicherungsrechtlichen Teil lag jedoch in der Meister-Eckehardt-Straße. Gleichwohl lebten die Juristen zunächst etwas beengt. Im Jahre 1964 hinzugekommene Räume wurden dann auch der Abteilung Klingmüller zugeteilt. Das junge versicherungsrechtliche Institut konnte durch die räumliche Nähe sofort von der zum damaligen Zeitpung 20-25 000 Bände umfassenden Bibliothek des „Mutterinstituts" profitieren. Deren juristische Abteilung und dort insbesondere das Haftpflichtrecht waren schon während des Wirkens von Prof. Roehrbein sehr gut ausgestattet worden. Dic Neuanschaffungen des versicherungsrechtlichen Instituts wurden in die Gesamtbibliothek integriert, wenn auch als selbständige Abteilung.

XII. Die Umstrukturierung des Instituts

Um der neugewonnenen Bedeutung des Versicherungsrechts innerhalb des Instituts gerecht zu werden, wurde das Institut durch eine Satzungsänderung vom 1. Dezember 1964 umstrukturiert. Es gab nur noch drei Abteilungen. Das Institut ist seitdem als interdisziplinäres in drei Fakultäten der Universität, nämlich in der Wirtschafts- und Sozialwissenschaftlichen, der Rechtswissenschaftlichen und der Mathematisch-Naturwissenschaftlichen verankert. Auch in dieser Hinsicht nimmt es eine besondere Stellung ein. Die Einrichtung einer vierten Abteilung Versicherungsmedizin blieb vorbehalten. Bei dieser Absichtserklärung ist es bis heute geblieben. Zeitweilig wurde die Versicherungsmedizin von Prof. Dotzauer mitbetreut. Versicherungsmedizinische Fragen sind heute eher im von Prof. Dr. Staak geleiteten Institut für Rechtsmedizin angesiedelt. Die drei Abteilungen Versicherungswirtschaft, Versicherungsrecht und Versicherungsmathematik sind als wirtschaftlich und organisatorisch selbständig vorgesehen und werden von den jeweiligen Lehrstuhlinhabern als Direktoren geleitet. Die Institutsleitung setzt sich aus den drei Abteilungsleitern zusammen. Der Leiter der Abteilung Versicherungswirtschaft führt den Vorsitz und nimmt auch die allgemeinen Verwaltungsgeschäfte wahr. Bücherei und Archiv stehen allen Abteilungen in gleicher Weise zur Verfügung. Aufgrund der personellen Situation muß man jedoch feststellen, daß sich bei gleichbleibender Bedeutung der versicherungswirtschaftlichen Abteilung seit der Einrichtung des Instituts für Versicherungsrecht ein Schwerpunkt der Institutsarbeit von den Mathematikern zu den Juristen verschoben hat.

Somit waren in organisationsrechtlicher Hinsicht die Voraussetzungen für eine gute interdisziplinäre Zusammenarbeit geschaffen. Dabei hatte das Institut für Versicherungswissenschaft als erstes fakultätsübegreifendes Institut der Universität zu Köln Vorbildfunktion für andere, später gegründete fakultätsübergreifende Forschungsinstitute unserer alma mater.

So konnte Prof. Klingmüller anläßlich des 25jährigen Jubiläums das Institut mit Recht mit einem modernen Allbranchen-Konzern vergleichen. Noch 25 Jahre später trifft seine Feststellung zu: „Was bei einem Versicherungskonzern das Rechenzentrum, der Computer für alle angeschlossenen Branchengesellschaften als eine allen dienende Institution (ist), stellt als Herzstück eines entsprechenden interfakultativen Instituts die gemeinsame Bibliothek dar, die von allen Fachkräften fachgerecht betreut wird.“[9] Man möchte hinzufügen, daß auch heute, wo der Computer schon längst nicht mehr aus der Institutsarbeit wegzudenken ist, das Buch und damit die Bibliothek nichts an Bedeutung für die wissenschaftliche Arbeit des Instituts verloren haben.

C. Die Geschichte des Instituts von 1965 bis 1990

I. Die Jubiläumsfeier am 25. November 1965

So konnte das Institut also gut gerüstet und neu „gestylt“ sein 25jähriges Jubiläum begehen. Dies geschah — leicht verspätet — am 25. November 1965 durch einen akademischen Festakt im damals neu errichteten Hörsaal I der Universität zu Köln, der, wie sich den in der Versicherungswirtschaft[10] und dem Festheft[11] veröffentlichten Photographien entnehmen läßt, annä-

[9] In: 25 Jahre Institut für Versicherungswissenschaft an der Universität zu Köln, Berlin 1966, S. 39 (41).

[10] VW 1965, S. 1366 f.

[11] 25 Jahre Institut für Versicherungswissenschaft an der Universität zu Köln, Berlin 1966, erschienen als Nr. 21 n. F. der Schriftenreihe des Instituts für Versicherungswissenschaft an der Universität zu Köln.

hernd bis auf den letzten Platz besetzt war. Dies erstaunt nicht angesichts der illustren Rednerliste. Den Grußworten von Prof. Braeß und Prof. Schmölders, dem damaligen Rektor, schloß sich eine Ansprache von Konsul Haus als Vorsitzendem des Fördervereins an. Es folgten die Grußworte von Herrn Dr. Erich Nowak als Präsident des Bundesaufsichtsamtes für das Versicherungswesen und Prof. Dr. Hans Möller als stellvertretendem Vorsitzenden des Deutschen Vereins für Versicherungswissenschaft e.V.; das letzte Grußwort sprach Prof. Emil Frey als Präsident des Gesamtverbandes der Deutschen Versicherungswirtschaft. Nach den Berichten der einzelnen Institutsdirektoren hielt wie schon anläßlich der Institutseinweihung 1940 Herr Prof. Dr. Werner Weber aus Göttingen den Festvortrag. Dieser behandelte wiederum die Versicherungsaufsicht: „Die Versicherungsaufsicht in wissenschaftlicher Analyse und Kritik". Zunächst konnte Prof. Weber feststellen, daß seine 1940 erhobene Forderung, das Senatsverfahren durch eine gerichtliche Klagemöglichkeit zu ersetzen, mit der Vorschrift des § 10a BAG, der gegen Entscheidungen des Bundesaufsichtsamtes für das Versicherungswesen die Anrufung des Bundesverwaltungsgerichts zuläßt, bundesrepublikanische Rechtswirklichkeit geworden ist.[12] Weiterhin beklagte der Referent eine gewisse Orientierungslosigkeit hinsichtlich der Aufgabe der Versicherungsaufsicht. Prof. Weber plädierte für den Bereich der Jedermannversicherungen, daß die „Belange der Versicherten" und die „dauernde Erfüllbarkeit der Verpflichtungen aus den Versicherungen" bei der Ausübung der Versicherungsaufsicht im Vordergrund stehen sollten.[13] Dadurch könne der Staat seine sozialstaatliche Verantwortung auf dem Gebiet der Jedermannversicherung wahrnehmen. Für das Jahr 1965 war diese moderne Auffassung von der Aufgabe der Versicherungsaufsicht ebenso bemerkenswert wie die — mittlerweile im EG-Recht anzutreffende — Differenzierung zwischen Jedermanngeschäft und Industriegeschäft hinsichtlich der Aufsichtsintensität.

Im Rahmen des Festaktes zum 25jährigen Institutsjubiläum wurden Konsul Karl Haus, Generaldirektor im Ruhestand Georg Finke und Direktor Hans Knoll, die alle drei dem Vorstand des Fördervereins von dessen Gründung an ein Vierteljahrhundert angehört hatten, zu Ehrenmitgliedern des Instituts ernannt. Die sich darin zeigende personelle Kontinuität in dem für das Institut wichtigen Gremium, kann nur als ausgesprochener Glücksfall bezeichnet werden. Zu korrespondierenden Mitgliedern des Instituts wurden die Herren Professores Dres. Antigono Donati, Rom, Max Gürtler, Basel, Roichi Obayashi, Tokio, und Werner Weber, Göttingen, sowie Herr Dr. Max Leimdörfer, Wien, ernannt.

[12] Weber, 25 Jahre Institut für Versicherungswissenschaft an der Universität zu Köln, Berlin 1966, S. 51 (54).

[13] Weber, 25 Jahre Institut für Versicherungswissenschaft an der Universität zu Köln, Berlin 1966, S. 51 (67).

II. Die Versicherungswirtschaftliche Abteilung unter Paul Braeß

Nach dem fünfundzwanzigjährigen Institutsjubiläum, das genau in der Mitte der Amtszeit von Prof. Braeß lag, ging das Institutsleben weiterhin seinen geregelten Gang. Zu erwähnen ist die 1966 erfolgte Veröffentlichung „Rechnungslegung von Versicherungsunternehmen im Ausland“[14], herausgegeben von Paul Braeß. Sie enthält die Referate, die anläßlich einer Sonderveranstaltung des Instituts im Wintersemester 1964/65 zu diesem Thema gehalten wurden. Die Teilnehmer dieser Veranstaltung waren je zur Hälfte interessierte Fachkräfte aus der Praxis und ausgewählte ältere Studenten. Diese Veranstaltung, die nur beispielhaft aus einer Reihe anderer, mit derselben Konzeption durchgeführter Sonderveranstaltungen ausgewählt wurde, ist ein weiterer Beweis für die unter Paul Braeß gepflegte Zusammenarbeit zwischen Theorie und Praxis. Der beschriebene dreisemestrige Vorlesungszyklus wurde beibehalten. Beim Ausscheiden von Prof. Braeß war eine stattliche Anzahl von Diplomarbeiten und Dissertationen Zeugnis für seine fruchtbare Lehrtätigkeit. Während seiner Amtszeit wurden 28 Vortragsveranstaltungen in den Räumen des Instituts durchgeführt. Auch bei der Auswahl der Redner waren Paul Braeß seine guten Kontakte zur Versicherungswirtschaft und den anderen versicherungswissenschaftlichen Lehrstühlen sowie ins Ausland dienlich. Acht Exkursionen führten die Mitglieder des Instituts und die Teilnehmer an den Seminaren in das In- und Ausland.

1969 erschien die von Dieter Farny herausgegebene Festschrift „Wirtschaft und Recht der Versicherung“ zum 66. Geburtstag von Paul Braeß im Verlag Versicherungswirtschaft in Karlsruhe.

In seinem Abschlußbericht für den Fördererverein konnte Prof. Braeß feststellen, daß von den Studentenunruhen in den späten sechziger Jahren am Institut für Versicherungswissenschaft nichts zu spüren war, da — um mit seinen Worten zu sprechen — sich dieses Fach auch wenig als Tummelplatz für ideologische Auseinandersetzungen eigne.

Besondere Erwähnung verdient die sorgfältige Vorbereitung der Lehrstuhlübergabe an Dieter Farny. Durch sie wurde — im Gegensatz zu vorangegangenen Wechseln der Institutsleiter — ein für die Institutsarbeit nicht fruchtbares Interregnum vermieden. Die Emeritierung von Prof. Braeß erfolgte am 31. März 1972. Braeß hatte jedoch in seinem letzten aktiven Semester, dem Wintersemester 1971/72, ein vorlesungsfreies Semester beantragt. In diesem Semester hielt sein — durch Studien- und Assistentenjahre ohnehin bestens mit dem Institut vertrauter — Schüler und Nachfolger

---

[14] Erschienen als Heft 74 der Schriftenreihe des Deutschen Vereins für Versicherungswissenschaft.

Dieter Farny bereits vertretungsweise die Vorlesungen. Die Amtsgeschäfte konnten dadurch reibungslos übergeben werden.

Eine möglichst reibungsarme Übergabe war auch erforderlich, da neben dem Wechsel in der Institutsleitung nahezu parallel der Umzug in die Kerpener Straße vorzubereiten und zu bewältigen war. Mit dem ehemaligen Evangelischen Waisenhaus Sülz bezog das Institut ein Gebäude, das annähernd so alt ist wie die verversicherungswissenschaftliche Tradition in Köln, also heute fast 90 Jahre. Der ursprünglich für das Frühjahr 1972 geplante Umzug verzögerte sich bis in den Sommer. Man kann sich die Mühen der damaligen fleißigen Helfer unter der umsichtigen Leitung von Frau Odendahl vorstellen, die zu diesem Zeitpunkt 30-35 000 Bände umfassende Bibliothek in Kisten zu verpacken und im Keller in der Kerpener Straße wieder geordnet einzustellen, zumal die Kisten nicht in der vorgesehenen Reihenfolge angeliefert wurden. Auch in der Kerpener Straße konnte die räumliche Verbundenheit der Versicherungsbetriebswirte und Versicherungsjuristen beibehalten werden.

Es war geplant, daß Prof. Braeß nach seiner Emeritierung weiterhin Vorlesungen am Institut halten sollte. Das Hauptseminar sollte von Prof. Braeß und Prof. Farny gemeinsam geleitet werden. Leider verblieb Paul Braeß nach seiner Emeritierung nicht einmal ein ganzes Jahr. Er starb am 19. März 1973. Sein Leben und Werk würdigte Prof. Farny anläßlich einer akademischen Gedenkfeier der Wirtschafts- und Sozialwissenschaftlichen Fakultät der Universität zu Köln am 23. Januar 1974.

III. Die Abteilung Versicherungsrecht unter Ernst Klingmüller

Das Versicherungsrecht hatte es in der universitären Ausbildung immer ungleich schwerer als der betriebswirtschaftliche Zweig der Versicherungswissenschaft. Das liegt daran, daß das Versicherungsrecht noch nicht einmal als Wahlfach Prüfungsrelevanz im ersten juristischen Staatsexamen besitzt. Allerdings war es Prof. Klingmüller in einer Absprache mit dem Justizprüfungsamt gelungen, daß interessierte Studenten Versicherungsrecht als eine Art Wahlfachuntergruppe wählen konnten und somit sowohl in der häuslichen Examensarbeit als auch in der mündlichen Wahlfachprüfung Versicherungsrecht geprüft werden konnte. Für den „Durchschnittsstudenten" bedurfte es gleichwohl eines besonderen Anreizes, versicherungsrechtliche Lehrveranstaltungen zu besuchen. Daß das versicherungsrechtliche Seminar von Prof. Klingmüller immer sehr gut belegt war, ist also eine durchaus bemerkenswerte Tatsache, die nicht zuletzt durch die fast schon legendären Exkursionen des Seminars jeweils in den Pfingstferien zu erklären ist, die — von Prof. Klingmüller akribisch und liebevoll vorbereitet — die Teilnehmer in die Versicherungszentren praktisch aller europäischen Länder und in den arabischen Raum führten und noch heute für Gesprächsstoff im Institut sorgen. Darüber hinaus entwickelte Prof. Klingmüller selbst eine umfangreiche Reisetätigkeit, die ihn häufig in den arabischen Raum führte, wo er Gastvorlesungen in der Landessprache hält, aber auch als Mitglied verschiedener internationaler Organisationen — u.a. dem Institute of London Arbitrators (ab 1983), der British Insurance Law Association (Ehrenmitglied) sowie der Vereinigung für den Gedankenaustausch zwischen deutschen und ungarischen Juristen e.V. (stellv. Vorsitzender ab 1985) — Tagungen und Kongressen in aller Herren Länder. Für bleibenden Kontakt sorgt die Institution des „Nikolausseminares".

Die Forschungsarbeit der versicherungsrechtlichen Abteilung des Instituts widmete sich unter der Ägide Herrn Prof. Klingmüllers den Themenkreisen Haftpflichtrecht und Haftpflichtversicherung, insbesondere den Bereichen Produktehaftung, Arzt- und Arzneimittelhaftung sowie dem Umweltschutz, dem Herr Prof. Klingmüller auch in seiner Funktion als Umweltschutzbeauftragter der Universität nahestand, weiterhin Fragen der Alters- und Hinterbliebenenversorgung einschließlich der betrieblichen Altersversorgung. Das islamische Recht wurde sowohl in rechtshistorischer Hinsicht als auch in bezug auf moderne Entwicklungen in den islamischen Ländern erforscht.

IV. Die Abteilung Versicherungswirtschaft unter Dieter Farny

Unter der Leitung von Prof. Farny erfuhr die Struktur des Studienfachs Versicherungswissenschaft an unserer Universität eine wichtige Änderung. Anstelle des zuvor einheitlichen Studiengangs konnte das Fach ab 1974 auf Initiative von Prof. Farny in zwei Ausprägungen studiert werden. In der Ausprägung Versicherungswissenschaft stehen die allgemein-wirtschaftlichen und gesamtwirtschaftlichen Fragen der Privat- und Sozialversicherung im Vordergrund. Die Versicherungsbetriebslehre hingegen behandelt vorwiegend das Wirtschaften in Versicherungsunternehmen. Für beide Fächer wird ein gemeinsamer Kern von Pflichtveranstaltungen angeboten, zu dem jeweils zwei Pflichtveranstaltungen für die beiden Varianten des Studiengangs. Außerdem werden für beide Richtungen Wahlveranstaltungen abgehalten. Insgesamt besteht ein viersemestriger Vorlesungszyklus von derzeit 34 Wochenstunden ohne Übungen und Seminare. Die Hörer sind zu etwa 70% Studenten der Wirtschaftswissenschaften (Betriebs- und Volkswirte), zu 25% Studenten der Mathematik wirtschaftswissenschaftlicher Richtung im Nebenfach „Versicherungswissenschaft" und zu ca. 5% Lehramtskandidaten der Sekundarstufe II in berufsbildenden Schulen und Handelslehrer.

Bei seinen Vorlesungen wurde Prof. Farny von folgenden Dozenten unterstützt: Prof. Dr. Kurt Jantz las über die Sozialversicherung. Prof. Dr.

Georg Heubeck betreute die Versicherungsmathematik. Seit dem Wintersemester 1973/74 bis heute liest Herr Prof. Dr. Günter Minz, Vorstandsmitglied der Deutschen Treuhand-Gesellschaft AG, Wirtschaftsprüfungsgesellschaft, über die Prüfung der Versicherungsunternehmen. In den Jahren 1973 bis 1975 hielt Herr Dr. Ewald Barten Vorlesungen über EDV im Versicherungsunternehmen. Im Jahre 1981 trat Prof. Dr. Kurt Jantz nach 39 Vorlesungssemestern als Honorarprofessor der WiSo-Fakultät in den Ruhestand. Prof. Jantz verstarb am heiligen Abend des Jahres 1984. Der promovierte Jurist und studierte Theologe wird als durch das Evangelium als die Lebenshilfe überhaupt und das praktische soziale Wirken in Verwaltung, Gesetzgebung und Rechtsprechung geprägt beschrieben.[15] Seine Nachfolge als Dozent übernahm mit einem Lehrauftrag ab dem Wintersemester 1981/82 Ministerialdirektor a. D. Dieter Schewe aus dem Bundesministerium für Arbeits- und Sozialordnung. Diesen Lehrauftrag für Sozialversicherung übt er noch heute aus. Prof. Dr. Georg Heubeck las noch bis einschließlich Sommersemester 1983 Versicherungsmathematik; von diesem Zeitpunkt an wurde er von seinem Sohn Dr. Klaus Heubeck abgelöst, der die Aktuare bis heute betreut. Ebenfalls vom Sommersemester 1983 bis einschließlich Wintersemester 1986/87 hielt Herr Priv. Doz. Dr. Christoph Hipp Lehrveranstaltungen zur Versicherungsmathematik und Risikotheorie ab. Weitere versicherungsmathematische Vorlesungen werden derzeit von Prof. Dr. Axel Reich und Prof. Dr. Jürgen Weyer angeboten. Seit dem Wintersemester 1987/88 ist Herr Dr. Peter Schütze Lehrbeauftragter für Informationsverarbeitung in der Versicherungswirtschaft.

Hingegen wurde das übrige Institutsprogramm in traditioneller Art und Weise weitergeführt. Pro Semester wurde mindestens eine Vortragsveranstaltung durchgeführt, auch die Sonderveranstaltungen unter Beteiligung von Praktikern und Studenten sowie die Exkursionen des Seminars wurden weiterhin durchgeführt. Insbesondere war das Institut, was auch die versicherungsmathematische und die versicherungsrechtliche Abteilung einschließt, regelmäßig mit größeren Abordnungen, zu denen neben den Institutsleitern auch die Assistenten und interessierten Studenten zählten, auf den Jahrestagungen des Deutschen Vereins für Versicherungswissenschaft e.V. vertreten.

Unter Prof. Farny stand in der Forschungsarbeit der Abteilung Versicherungswirtschaft die Privatversicherung gegenüber der Sozialversicherung stark im Vordergrund. Behandelt wurden insbesondere die wirtschaftliche Theorie und die Realität der Versicherungsunternehmen. Ausdruck gefunden hat diese Forschungstätigkeit in der Weiterentwicklung der Versicherungsbetriebslehre als Objekt von Forschung und Lehre, wie sie in dem Lehrbuch zur Versicherungsbetriebslehre einen nicht nur vielbeachteten

[15] Peters (Hrsg.), Sozialrecht und Sozialpolitik, Festschrift für Kurt Jantz zum 60. Geburtstag, Stuttgart 1968, Lebenslauf von Kurt Jantz, S. 4.

Niederschlag gefunden hat. Das Buch ist binnen kurzer Zeit zu einem Klassiker (und Renner) geworden. In jüngerer Zeit beschäftigt sich die Abteilung verstärkt mit Fragen der Versicherungsaufsicht und dem damit verbundenen Problemkreis der Regulierung von Versicherungsmärkten. Für die Praxis wurden computergestützte Jahresabschlußanalysen eingeführt. Die Mitglieder des Fördervereins erhalten „Mitteilungen" über aktuelle Forschungsergebnisse.

V. Die Abteilung Versicherungsrecht unter Ulrich Hübner

Am 30. September 1982 trat Prof. Klingmüller in den Ruhestand. Er führte das Institut noch bis zum 1. April 1983 weiter, um es dann an Prof. Dr. Ulrich Hübner zu übergeben, der seinem verehrten Doktorvater und Lehrer in Dankbarkeit, persönlicher Wertschätzung und menschlicher Wärme verbunden ist. Bei einer Vortragsveranstaltung anläßlich der Institutsübergabe am 6. Juli 1983, überschrieben mit „Rückblick und Ausblick", hielt Herr Prof. Klingmüller einen Vortrag über den didaktischen Wert des Versicherungsrechts, den er anschließend als seine Antrittsvorlesung als Emeritus bezeichnete; zu Recht, nimmt er doch auch weiterhin aktiv am Universitätsleben teil. Auch seine übrigen Aktivitäten führte er uneingeschränkt weiter.

Prof. Hübner sprach auf dieser Vortragsveranstaltung über die Themen, welche die Versicherungswissenschaft im ausgehenden 20. Jahrhundert beschäftigen werden. Genannt wurden unter anderem die Auswirkungen, die das EG-Recht für das Versicherungswesen und das Aufsichtsrecht mit sich bringen wird, aber auch die Auswirkungen von Art. 85, 86 EWG-Vertrag und das Kartellrecht. Darüber hinaus wurden die Auswirkungen der Anwendung allgemeiner zivilrechtlicher Institute und des AGB-Gesetzes auf das Versicherungsvertragsrecht angesprochen. Entsprechend diesem programmatischen Vortrag gestaltete sich dann auch die Forschungstätigkeit des Instituts — nach sieben Jahren läßt sich feststellen, daß die Schwerpunkte der Entwicklung damals richtig erkannt worden sind.

Im Vordergrund der Forschungstätigkeit der versicherungsrechtlichen Abteilung des Instituts unter der Leitung von Herrn Prof. Hübner standen die sich mit der Einführung der Dienstleistungsfreiheit auf EG-Ebene ergebenden Probleme. Weiterhin galten Forschungsvorhaben dem Versicherungsunternehmensrecht sowie dem Versicherungsunternehmenskartellrecht, letzteres vor allem in rechtsvergleichender Hinsicht. Im Versicherungsvertragsrecht wurde die Rechtsprechung zum Einfluß des Gesetzes zur Regelung des Rechts der Allgemeinen Versicherungsbedingungen auf die AVB eingehend untersucht und dokumentiert. Im Schadensersatzrecht standen Haftungsprobleme der technischen Kontrolle sowie die Berufshaftung, und hier insbesondere die Haftung im Heilbereich und deren Versicherung, im Vordergrund. Auch das französische Recht wurde weiter gepflegt.

Einen weiteren Schwerpunkt bildet das Aufsichtsrecht. Hier zeigen sich Berührungspunkte mit der Arbeit der Abteilung Versicherungsbetriebslehre. Dies führt — nicht zuletzt aufgrund des guten persönlichen Verhältnisses der Leiter der Abteilungen — zu einem regen Austausch auf allen Institutsebenen. Ausdruck dafür sind gemeinsame Veröffentlichungen beider Institutsleiter sowie gemeinsam abgehaltene Seminare. In dieser Zusammenarbeit manifestierten sich sehr konkret die Möglichkeiten eines interdisziplinären Instituts. Wir reden nicht über, wir praktizieren interdisziplinäre Zusammenarbeit.

Das Vorlesungsprogramm ist in der Weise gestaltet, daß neben allgemeinen zivilrechtlichen Vorlesungen (insbesondere über Haftungsrecht) regelmäßig Veranstaltungen über Versicherungsvertragsrecht und Versicherungsunternehmensrecht abgehalten werden. Im Seminar, welches häufig auch von Studenten belegt wird, die das erste juristische Staatsexamen absolviert haben oder bereits im Berufsleben stehen, werden regelmäßig aktuelle versicherungsrechtliche Themen behandelt.

D. Ausblick

In der zukünftigen Forschungsarbeit werden auch weiterhin insbesondere die Auswirkungen des EG-Rechts auf das deutsche Versicherungswesen sowie das Unternehmens- und Aufsichtsrecht, aber auch die Umstrukturierung von Konzernen und des Marktes zu untersuchen sein. Dabei erscheint die Fortsetzung der Zusammenarbeit der Abteilungen des Instituts wichtig, um die komplexe Materie „Versicherung" mit ihren immer wieder neuen Problemen wissenschaftlich zu durchdringen. Das Institut für Versicherungswissenschaft an der Universität zu Köln hat dabei — wohl wie kein anderes — die Möglichkeit, die Vorteile interdisziplinärer Forschungsarbeit zu nutzen, von den Erfahrungen und Forschungsergebnissen der einzelnen Abteilungen im gegenseitigen Austausch zu profitieren. Angesichts der weiter zunehmenden Bedeutung der Versicherung für die Wirtschaft und die privaten Haushalte wird es dem Institut auch in dem Zeitraum bis zum nächsten Jubiläum an neuen Aufgaben und Forschungsarbeit nicht mangeln.

Wissenschaft heißt Nachdenken über das, was in der Praxis geschieht, aber vor allem auch Vorausdenken. Dies ist eine Herausforderung. Wir nehmen sie an.

Unser Dank gebührt den Gründern und all denen, die das Institut im Bemühen um die Versicherungswissenschaft wirksam unterstützt haben.

Prof. Dr. Dieter Farny

Wissenschaft und Praxis der Versicherung

1. Einleitung

Das Thema dieses Festvortrags ist keineswegs neu, die Aussagen dazu haben jedoch in der Vergangenheit oft gewechselt. Dies muß auch für die weitere Zukunft angenommen werden; denn sowohl die wissenschaftliche Behandlung der Versicherung als auch die Praxis der Versicherung, somit auch das Verhältnis zwischen Wissenschaft und Praxis weisen im Zeitablauf Änderungen auf. Deshalb erscheint es angemessen, in einer 50 Jahr-Feier eines „Instituts für Versicherungswissenschaft", zu der viele Praktiker und Wissenschaftler gekommen sind, wieder einmal über das Thema nachzudenken.

Zur Einleitung einige Äußerungen zum Problem: Karl Haus, damals Vorsitzender des Fördervereins unseres Instituts, beklagte im Jahr 1950 einen gewissen Mangel an Praxisnähe in der wissenschaftlichen Lehre über die Versicherung. „Unter den führenden Versicherungspraktikern war und ist die Befürchtung verbreitet, daß manche akademischen Lehrer der Praxis nicht oder nicht mehr so nahe stehen, daß sie künftigen Praktikern eine fördernde wissenschaftliche Ausbildung zu geben vermögen ... Dieser Mangel an Praxis ... muß sich naturgemäß auf die Lehrtätigkeit, aber auch auf das Ansehen und die Wertschätzung von seiten der Versicherungswirtschaft auswirken"[1]. Walter Rohrbeck, der Gründer und langjährige Leiter unseres Instituts, sagte in einem Vortrag vor dem Institut am 6.11.1950 folgendes[2]: „... Die Anerkennung einer Versicherungswissenschaft ist doch geteilt geblieben. Die Zweifel über ihre Existenz gehen von zwei ganz verschiedenen Seiten aus. Die Praktiker halten nicht viel von ihr, weil sie der Auffassung sind, daß das Wirken in der Versicherung sich in der Technik vollende, die sie selbst entwickeln wollen ... Die Wissenschaftler, die die Grundlagenforschung in den Geistes- und Naturwissenschaften betreiben, fürchten eine Zersplitterung der gedanklichen Zusammenhänge, wenn sich um gewisse wirtschaftliche Vorgänge, wie um das Versicherungswesen,

[1] Haus, K.: Versicherungswirtschaft und Versicherungswissenschaft, in: VW, 1950 S. 330.

[2] Rohrbeck, W.: Die Versicherung als Grundlage einer besonderen Wissenschaft, in: VW, 1950, Sonderbeilage zu Nr. 24, S. I.

eigene wissenschaftliche Komplexe entfalten". Und vor 10 Jahren formulierte Reimer Schmidt ein vorläufiges Fazit: „Die Wissenschaft-Praxis-Relation im Bereich der Versicherung bleibt auch zukünftig faszinierend und mutierend"[3]. Interessant ist die Feststellung, daß sich an der Diskussion über Wissenschaft und Praxis der Versicherung nahezu ausnahmslos Wirtschaftswissenschaftler und Juristen beteiligt haben: Ist daraus zu schließen, daß die Mathematiker und die Vertreter anderer Wissenschaften keine Berührungsprobleme mit der Praxis haben?

Mein akademischer Lehrer und Vorgänger in der Leitung des Instituts, Paul Braeß, beschrieb das Verhältnis zwischen Wissenschaft und Praxis der Versicherung gern mit folgendem Bild: Im „Gesamthaus Versicherung" gehen die Praktiker mit großer Dynamik ihrer Tätigkeit nach. Im obersten Stockwerk, weit ab vom Tagesgeschehen, existiert eine Abteilung Versicherungswissenschaft hinter verschlossener Tür. Kommunikation mit der Praxis findet über ein Schiebefensterchen statt. Gelegentlich gibt die Praxis einen Auftrag an die Wissenschaft und holt durch das Schiebefensterchen das Ergebnis der wissenschaftlichen Tätigkeit ab. Ob die Praxis mit der wissenschaftlichen Arbeit etwas anfängt oder anfangen kann, erfahren die Wissenschaftler in ihrer Klausur selten oder gar nicht.

Es lassen sich also viele eher skeptische Äußerungen über das Verhältnis von Wissenschaft und Praxis der Versicherung zitieren. Nach meinen eigenen Erfahrungen sind sie nicht mehr oder nicht mehr in dieser Schärfe aktuell. Sie zeigen aber deutlich, daß in der etwa 100jährigen Geschichte wissenschaftlicher Beschäftigung mit Versicherungsfragen die eigentlich natürliche Zusammenarbeit von Wissenschaft und Praxis nicht immer optimal funktioniert hat.

2. Wissenschaft der Versicherung

21. Grundauffassungen von Wissenschaft

Eine gewisse Mitverantwortung für Störungen im Verhältnis zwischen Wissenschaft und Praxis der Versicherung kommt den konträren Auffassungen darüber zu, was eigentlich *Wissenschaft* generell und *Versicherungswissenschaft* speziell sei. Die unterschiedlichsten Auffassungen der Wissenschaftstheorie können hier nicht ausgeleuchtet werden. Soweit sich Wissenschaft auf reale Sachverhalte bezieht, weist sie folgende Eigenschaften auf: Ihr *Ziel* ist die Hervorbringung von Erkenntnissen, also von Wissen, über die tatsächliche oder mögliche Beschaffenheit der Realität. Zur Hervorbringung und Darstellung dieser Erkenntnisse verfügt Wissenschaft über spezielle

---

[3] Schmidt, R.: Wissenschaft und Praxis der Versicherung, in: ZVersWiss, 1980, S. 527.

Methoden. Insbesondere geht sie systematisch vor, arbeitet mit bestimmten Techniken, sie durchdringt die Oberfläche der realen Erscheinungen, um die darunter liegenden Ursachensysteme, Strukturen und Prozesse zu erkennen.

Soweit Wissenschaft auf die Gewinnung neuer Erkenntnisse abzielt, handelt es sich um *Forschung.* Dabei wird häufig die Grundlagenforschung von der angewandten Forschung unterschieden. Die Grundlagenforschung ist frei von konkreten Erkenntniszwecken, d. h. hier wird Erkenntnisgewinnung um ihrer selbst willen betrieben. Die angewandte Forschung richtet sich dagegen auf einzelne Erkenntnisziele, die für die Praxis bedeutsam sind.

22. Versicherungswissenschaft

Eines mutet heute fast merkwürdig an: Es war lange Zeit umstritten, ob die Merkmale von Wissenschaft auch dann erfüllt sind, wenn die Wissenschaft sich auf den realen Sachverhalt „Versicherung" bezieht, ob es demzufolge eine „*Versicherungswissenschaft*" gibt und wie diese auszulegen ist[4]. Den Skeptikern standen und stehen allerdings zahlreiche Beweise des ersten Anscheins entgegen: Der im Jahr 1899 gegründete Deutsche Verein für Versicherungswissenschaft, der in seinem Namen sein Programm trägt, einige weitere wissenschaftliche Vereinigungen mit der Bezeichnung „Versicherungswissenschaft", ferner die Existenz vieler Einrichtungen (Lehrstühle, Seminare, Institute) an wissenschaftlichen Hochschulen mit der Bezeichnung „Versicherungswissenschaft" sowie schließlich eine große und immer noch steigende Menge von Veröffentlichungen über Versicherungsfragen, die ohne jeden Zweifel die Qualität wissenschaftlicher Forschungsergebnisse aufweisen.

Die Frage, ob es eine „Versicherungswissenschaft" gibt, ist nach heutiger Auffassung zu bejahen; denn der reale Sachverhalt „Versicherung" existiert, und es werden mit wissenschaftlichen Methoden Erkenntnisse über den Sachverhalt hervorgebracht und dargestellt.

Allerdings weist die Versicherungswissenschaft einige *Besonderheiten* auf. Versicherung wurde nicht durch systematische Forschung oder durch Zufall „entdeckt", sondern sie wurde aus der Praxis heraus und (später) durch Beifügung wissenschaftlicher Erkenntnisse von Menschen „erfunden". Versicherung ist also ein synthetisches Produkt. Bei ihrer Erfindung und der weiteren Entwicklung wurden zahlreiche verschiedenartige Elemente zu einem System zusammengefügt, wobei die Elemente und die Techniken ihrer Kombination wissenschaftlich in ganz verschiedenen Disziplinen beheima-

[4] Vgl. zuletzt Lobscheid, H. G.: Zur Wissenschaft von der Versicherung, in: Beiträge zur Versicherungswissenschaft, Berlin 1955, S. 293-305; derselbe: Theoretische und angewandte Versicherungswissenschaft, in: VersWissArch, 1959, S. 413-446, jeweils mit weiteren Literaturhinweisen.

tet waren und sind. Die Versicherungswissenschaft hat also ein *einheitliches Erkenntnisobjekt*, nämlich die Versicherung. Aber die *wissenschaftlichen Methoden* zur Erkenntnisgewinnung stammen aus zahlreichen Einzeldisziplinen, die gleichsam die Mutter-, Basis- oder Patenwissenschaften der Versicherungswissenschaft darstellen. Die Versicherungswissenschaft teilt dieses Schicksal mit einigen anderen, z. B. der Agrar-, Politik- und Verkehrswissenschaft, neuerdings mit der Ökologie.

Die Versicherungswissenschaft wird üblicherweise entsprechend den Mutterwissenschaften in folgende Teile gegliedert, wobei die Grenzen fließend sind (Einzelheiten in Übersicht 1):

(1) *Versicherungswirtschaftslehre* mit der einzelwirtschaftlichen Betrachtung des Versicherungsgeschäfts, der Versicherungsnehmer, der Versicherungsunternehmen und der Sozialversicherungsträger, der Versicherungsvermittler sowie mit der Betrachtung der Versicherungseffekte auf die volkswirtschaftlichen nationalen und internationalen Aggregatgrößen.

(2) *Versicherung in den Sozialwissenschaften*, besonders mit den Fragen der Psychologie des Risiko- und Sicherheitsverhaltens von Individuen, der Soziologie zur Erklärung von Gruppenphänomenen und der Sozialpolitik zur Erklärung und Gestaltung sozialer Befindlichkeiten.

(3) *Versicherungsrecht* mit zahlreichen Teilbereichen, bezogen auf private Versicherungsgeschäfte und die daran Beteiligten oder auf Sozialversicherungsverhältnisse.

(4) *Versicherungsmathematik* zur Erklärung und Prognose von stochastischen Prozessen sowie für die Gestaltung des Risikoausgleichs unter Beachtung der zeitlichen Strukturen von Versicherungsgeschäften.

(5) *Versicherungsmedizin, technische Wissenschaften* und *Naturwissenschaften* zur Analyse und Erklärung von Risikoursachensystemen, zur Bewertung von zu versichernden Risiken und von Schäden nach Eintritt von Versicherungsfällen.

Die zuletzt genannten Wissenschaften zeigen die außergewöhnliche Breite wissenschaftlicher Beschäftigung mit Versicherung. Sie behandeln weniger das Objekt „Versicherung“ als vielmehr die zu versichernden Risiken und die daraus fließenden Schäden, also Bestandteile des Versicherungsgeschäfts.

Angesichts der Vielfalt von Wissenschaften, die für das Objekt Versicherung genutzt werden, wird die Versicherungswissenschaft häufig als „*Sammelwissenschaft*“ bezeichnet. Diese Kennzeichnung ist jedoch für wissenschaftliche und praktische Zwecke wenig bedeutsam; sie berührt im wesentlichen nur die Organisation des Wissenschaftsbetriebs. Gelegentlich wird die Wissenschaft von der Versicherung als „*Hilfswissenschaft*“ bezeichnet, wie auch die Praxis der Versicherung sich gelegentlich immer noch als

Übersicht 1: Teile der Versicherungswissenschaft

Teil der Versicherungswissenschaft	Basiswissenschaft	wichtige Objekte
1. *Versicherungswirtschaftslehre*	WirtschaftsW	
11. einzelwirtschaftliche Betrachtung		
111. Versicherungslehre	WirtschaftsW	Wirtschaftsgut Versicherung in Privat- und Sozialversicherung
112. Versicherungsbetriebslehre	BWL	Wirtschaften in Versicherungsunternehmen und Sozialversicherungsträgern
Sonderform: Versicherungsvermittlungsbetriebslehre	BWL	Wirtschaften in Versicherungsvermittlungsunternehmen
113. „Versicherungsnehmerlehre" (Risk Management)	BWL	Risiko und Risikopolitik der Unternehmen und der (privaten/öffentlichen) Haushalte
12. gesamtwirtschaftliche Betrachtungsweise		
121. Versicherungsmarktlehre	VWL	Aggregatgrößen von Angebot und Nachfrage
122. Versicherung und Gesamtwirtschaft	VWL	Privat- und Sozialversicherung in der Volkswirtschaft, güter- und finanzwirtschaftliche Effekte der Versicherung
123. Versicherung und Außenwirtschaft	VWL	Internationale Effekte der Versicherung, Binnenversicherungsmarkt EG
2. *Versicherung und Sozialwissenschaften*	SozialW	
21. Versicherungspsychologie	Psychologie	Einstellungen und Verhalten von Individuen gegenüber Risiko, Sicherheit, Versicherung
22. Versicherungssoziologie	Soziologie	Einstellungen und Verhalten von Gruppen gegenüber Risiko, Sicherheit, Versicherung; „Risikogemeinschaft"?
23. Versicherung und Sozialpolitik	Sozial/politik/VWL	Versicherung, besonders Sozialversicherung, als Instrument der Sozialpolitik
3. *Versicherungsrecht*	RechtsW	
31. Privatversicherungsrecht	RechtsW	
311. Versicherungsvertragsrecht	RechtsW	Versicherungsvertrag: VVG, AVB, AGBG
312. Versicherungsunternehmens- und Konzernrecht	RechtsW/BWL	Versicherungsunternehmen und Versicherungskonzerne (VAG, AktG, HGB)

Übersicht 1: Fortsetzung

Teil der Versicherungswissenschaft	Basiswissenschaft	wichtige Objekte
313. Versicherungsnehmerrecht	RechtsW (VWL)	Pflichtversicherungen, besonders Sozialversicherung
314. Versicherungsaufsichtsrecht	RechtsW (BWL)	Aufsicht über Versicherungsunternehmen (VAG)
315. Versicherungsvermittlungsrecht	RechtsW	Versicherungsvermittlung, Beziehungen Vermittler zum Versicherer und zum Versicherungsnehmer
316. Versicherung und Handelsrecht	RechtsW (BWL)	Gesamtbereich HGB, wenig versicherungsspezifisch, z. B. Arbeitsrecht
317. Wirtschaftsordnungsrecht	RechtsW (VWL)	Datenkranz (Regulierung) für das Wirtschaften von Versicherungsunternehmen, Versicherungsnehmern, Vermittlern, besonders Wettbewerbsrecht
318. Haftpflichtrecht	RechtsW	Schadenersatzansprüche Dritter gegenüber Haftpflichtversicherungsnehmern
4. *Versicherungsmathematik*	Mathematik	
41. Risikomathematik	Mathmatik, Statistik	stochastische Prozesse, Schadenverteilungen, Risikoausgleich, Risikoreserven
42. Finanzmathematik	Mathematik	zeitlich unterschiedliche Zahlungsströme
43. Prämienmathematik	Mathematik, Statistik	Prämienkalkulation aus Verbindung Risiko- und Finanzmathematik
5. *Versicherungsmedizin*	Medizin	Analyse von Risikoursachen, Bewertung von Risiken und Schäden in der Personen- und Haftpflichtversicherung
6. *Versicherung und Technik*	technische Wissenschaften	Analyse von Risikoursachen, Bewertung von Risiken und von Schäden in zahlreichen Versicherungszweigen, Schadenverhütung
7. *Versicherung und Naturwissenschaften,* insbesondere Physik, Chemie, Biologie, Ökologie, Metereologie, Seismologie	verschiedene	Analyse von Risikoursachen, Schadenbewertung, Schadenverhütung

BWL = Betriebswirtschaftslehre, VWL = Volkswirtschaftslehre.

„Hilfsgewerbe" versteht. Eine solche Funktionsverkleinerung sollte vermieden werden, zumal eine Aufteilung von Wissenschaft und Praxis in Haupt- und Hilfsangelegenheiten nicht eindeutig möglich ist.

Für das heute notwendige Verständnis von Versicherungswissenschaft und zur Förderung guter Beziehungen zwischen Wissenschaft und Praxis erscheint ein Gedanke fruchtbringend, nämlich das Verhältnis von *Differenzierung zu Integration* oder — in anderer Sicht — von *Spezialisierung zu Generalisierung.* Die Objekte wissenschaftlicher und praktischer Tätigkeit können entweder ein Gesamt oder die Teile eines Gesamts sein. Die Versicherungswissenschaft hat sich lange Zeit um Einzelheiten des Sachverhalts Versicherung bemüht, hat also das Gesamtproblem sachlich und erkenntnistechnisch differenziert. Erst verhältnismäßig spät, beeinflußt von quantitativen Modellen und der Systemtheorie, hat sie begonnen, Versicherung auch integral, als Gesamtheit aller Elemente, zu untersuchen. Man erkennt hier die Fruchtbarkeit eines Gegenstromprinzips, das ständig vom Gesamten zu den Einzelteilen und wieder zurück führt. Auch die Versicherungspraxis hat sich in ähnlicher Weise verhalten. Sie hat Einzelheiten des Versicherungsgeschäfts gestaltet, dabei aber auch Aggregatgrößen, z. B. einen Versicherungsbestand, ein ganzes Versicherungsunternehmen oder die gesamte Branche berücksichtigt.

Das Gegenstromprinzip gilt auch mit Blick auf Generalisierung und Spezialisierung der wissenschaftlichen Forschung und der praktischen Gestaltung. Die Versicherungswissenschaft hat — nicht zuletzt aus organisatorischen Gründen — bis heute eher spezialisierte Forschung in einzelnen Wissenschaftszweigen betrieben und entprechende Erkenntnisse erarbeitet, also beispielsweise mit wirtschaftswissenschaftlichen, rechtswissenschaftlichen oder mathematischen Methoden. Eine integrierte Gesamttheorie der Versicherung steht bis heute aus. Die Praxis weist zwangsläufig einen höheren Generalisierungsgrad auf; es kommt ja schließlich auch darauf an, daß das Aggregat „Versicherungsunternehmen" oder das Aggregat „Branche" insgesamt erfolgreich tätig ist.

Zwei Beispiele sollen diese These belegen. Die Versicherungsprämie ist ein bedeutendes Objekt wissenschaftlicher Forschung und praktischer Gestaltung. In betriebswirtschaftlicher Sicht sind die Prämien die Ergebnisse der Kalkulation, der Preis für Versicherungsschutz, die Umsatzerlöse; in gesamtwirtschaftlicher Sicht sind es die Umsätze einer Branche, Teile der Sparquote, Finanzierungsmittel für volkswirtschaftliche Schäden. Der Jurist sieht die Prämien unter dem Aspekt der Rechtspflichten aus dem Versicherungsvertrag, der Mathematiker erarbeitet quantitative Modelle für die Prämienkalkulation auf der Grundlage von Wahrscheinlichkeiten. Wir finden insgesamt eine außerordentlich differenzierte wissenschaftliche Betrachtung eines Objekts. In der Praxis wird dagegen der Sachverhalt Prämie meist integral und generell gesehen, nämlich mit der Frage, ob sie ausreichend ist, um das einzelne Geschäft interessant zu machen, und ob die Prämien insgesamt Risiko- und Betriebskosten decken. Obwohl bisher nicht ausformuliert, ist aus den vielen differenzierenden und spezialisierten Betrachtungsweisen eine Gesamttheorie der Prämie ableitbar.

Das zweite Beispiel betrifft den fast 100 Jahre währenden Streit darüber, was Versicherung eigentlich ist[5]. Dieser Streit um den *Begriff der Versicherung* konnte solange nicht beendet werden, wie die Ergebnisse differenzierender und spezialisierter Betrachtungsweisen nebeneinander stehenblieben und nicht zu einer Gesamtschau integriert wurden. Die denkwürdige Abstimmung im Deutschen Verein für Versicherungswissenschaft im Jahr 1966, welcher Versicherungsbegriff richtig oder zweckmäßig ist, hat zwar einen gewissen Stillstand in der Debatte herbeigeführt. Aber was Versicherung tatsächlich ist, steht in genereller Form bis heute nicht fest. Diese Erkenntnis wird im übrigen für eine erfolgreiche praktische Versicherungstätigkeit auch gar nicht benötigt. Man weiß aus den bisherigen Überlegungen, daß

— Versicherung in wirtschaftswissenschaftlicher Betrachtung ein Wirtschaftsgut ist, das von Versicherungsnehmern für bestimmte Zwecke verwendet und vom Versicherer nach bestimmten Verfahren produziert wird,
— Versicherung wirtschaftlich und mathematisch auch als Transfer von Risiken, also von Wahrscheinlichkeitsverteilungen von Schäden, vom Versicherungsnehmer auf den Versicherer aufgefaßt werden kann,
— Versicherung in rechtlicher Hinsicht einen Vertrag schuldrechtlicher Prägung darstellt,
— Versicherungsgeschäfte bestimmter Art zur Beaufsichtigung der Unternehmen führen, welche sie betreiben,
— Versicherung in bestimmten Ausprägungen Gegenstand der Besteuerung ist,

und so weiter. Den künftigen Wissenschaftlern bleibt somit die Aufgabe erhalten, Versicherung in spezialisierter oder genereller Weise mit weiteren Merkmalen oder wissenschaftlichen Methoden zu erklären. Vielleicht kann diese Frage bei der Feier des 100jährigen Bestehens unseres Instituts wieder aufgenommen werden.

Die Versicherungswissenschaft als differenzierende und integrierende Wissenschaft war und ist naturgemäß auch dadurch geprägt, welche Wissenschaften und welche Wissenschaftler sich mit Versicherung beschäftigen. In der Vergangenheit waren *Versicherungsspezialisten* mit dem Hintergrund einer einzelnen Mutterwissenschaft die Regelerscheinung. Die *Generalisten*

[5] Zur Dokumentation vgl. besonders Wälder, J.: Über das Wesen der Versicherung, Berlin 1971.

der einzelnen Wissenschaften, die sich auch mit Versicherung beschäftigten, bildeten die Ausnahme. Mutationen vom Generalisten zum Versicherungsspezialisten waren selten. Diese Situation entspricht im übrigen der Praxis der Versicherung. Die Leiter der Versicherungsunternehmen sind, gemessen an ihrer beruflichen Karriere, überwiegend Versicherungsspezialisten. Der Wechel von Generalisten aus anderen Wirtschaftszweigen in die Versicherungswirtschaft ist eine seltene und stark beachtete Ausnahme, ausgenommen vielleicht in den Finanzressorts, wo häufig Banker tätig sind. Insgesamt ist das hohe Spezialistentum in Wissenschaft und Praxis der Versicherung einer der Gründe für eine gewisse Introvertiertheit. Dies festzustellen, ist leicht, dies zu ändern, ist schwierig.

Angesichts der Vielfalt der wissenschaftlichen Beschäftigung mit Versicherung ergibt sich die Frage, ob nicht vielleicht doch eine Wissenschaft über die übrigen dominiert, weil der reale Sachverhalt Versicherung Grundeigenschaften aufweist, die die primäre Zuordnung zu einer der Teilwissenschaften nahelegt. Diese oft gestellte Frage ist schwer zu beantworten. Es müßte dazu empirisch erforscht werden, ob die Versicherungsrealität eher mit der Wirtschaft, mit dem Recht, mit der Mathematik, mit der Psychologie, Soziologie oder Sozialpolitik assoziiert wird. Solche empirischen Untersuchungen gibt es jedoch bislang nicht. Dennoch sei hier der Versuch einer (subjektiven) Antwort gewagt: Versicherung sichert die Existenz von natürlichen und juristischen Personen; sie ersetzt eine Risikolage durch eine als weniger gefährlich beurteilte andere Risikolage oder sogar durch eine Sicherheitslage. Wenn und soweit Risiko- und Sicherheitslagen in wirtschaftlichen Größen ausgedrückt werden, dann ist Versicherung ein wirtschaftliches Phänomen unter der Primärzuständigkeit der *Wirtschaftswissenschaften*. Wenn und soweit Risiko und Sicherheit durch die psychische Befindlichkeit der versicherten Personen ausgedrückt wird, dann ist Versicherung ein psychologisches Phänomen unter der Primärzuständigkeit der Psychologie, im weiteren Sine der *Sozialwissenschaften*, vielleicht sogar der Philosophie.

Ohne daß diese Betrachtungen weiter vertieft werden, sei wiederholt, daß die Versicherungswissenschaft in einem Aussagensystem die Elemente der Versicherung differenziert und integriert, wobei die Methoden vieler wissenschaftlicher Disziplinen angewendet werden. Deshalb ist die wissenschaftliche Beschäftigung mit Versicherung der Natur nach *interdisziplinär* und zeichnet sich durch *Methodenvielfalt* aus.

Wenn es eine Versicherungswissenschaft gibt, dann ist auf die beiden wichtigsten wissenschaftlichen Tätigkeiten hinzuweisen, nämlich auf *Forschung und Lehre*. Wissenschaftliche Forschung bezweckt neue Erkenntnisse, wissenschaftliche Lehre bezweckt die Weitergabe der Erkenntnisse und der Methoden ihrer Gewinnung; die Lehre betrifft also nicht nur die Erkenntnisse, sondern auch das Erkennen. Dabei ist Forschung nicht nur in wissenschaftlichen Institutionen möglich und üblich, sondern auch in der Praxis wird geforscht, etwa bei den Versicherern, bei den Versicherungsnehmern sowie in den Verbänden der Branche[6]. Allerdings sind große Abteilungen für „Forschung und Entwicklung“ in der Versicherungswirtschaft noch selten; möglicherweise hängt das damit zusammen, daß die meisten Forschungsergebnisse gegenüber der Konkurrenz nicht immer geschützt werden können. Interdisziplinäre Forschung und Lehre sind in Deutschland recht schwierig, weil der Wissenschaftsbetrieb säuberlich nach Fakultäten gegliedert ist und die Mauern um die einzelnen Wissenschaften häufig hoch und schwer überwindbar sind. Deshalb sind interdisziplinäre Forschungseinrichtungen wie unser Institut außerordentlich wichtig.

Einige Blicke ins *Ausland* mögen die Betrachtungen über die Versicherungswissenschaft schließen. In den deutschsprachigen Ländern liegt eine ähnliche Situation wie in Deutschland vor. Im übrigen Ausland[7] ist die wissenschaftliche Behandlung der Versicherung weitaus jünger als in Deutschland, ohne daß es zu einer ähnlichen Gesamtschau gekommen wäre. Die der „Versicherungswissenschaft“ entsprechenden Begriffe „insurance science“ oder „science d'assurance“ sind nicht üblich. Im zweitgrößten Versicherungsland der Erde, in Japan, wird die überkommene Orientierung an der deutschen Versicherungswissenschaft mehr und mehr durch Orientierungen in den USA ergänzt oder ersetzt. Leider werden wissenschaftliche Veröffentlichungen in der japanischen Originalsprache im Rest der Welt nicht wahrgenommen, ein Schicksal, das zunehmend auch Publikationen in deutscher Sprache ereilt.

Im englischsprechenden Raum, in Skandinavien, teilweise auch in Frankreich, ist eine unverändert hohe Bedeutung der sogenannten *Aktuarwissenschaften* feststellbar, das ist eine Mischung aus Versicherungsmathematik mit einem Schuß Versicherungswirtschaftslehre (besonders aus dem Rechnungswesen) und einer Prise Versicherungsrecht. In den genannten Räumen sind die anderen Teile der Versicherungswissenschaft schwächer ausgeprägt als in Deutschland. Der Grund dafür ist die andersartige Organisation der

---

[6] Vgl. dazu besonders Gerathewohl, K.: Forschung in der Versicherungswirtschaft, in: ZfV, 1975, S. 569-573; Grossmann, M.: Besteht für die Versicherungsunternehmung die Notwendigkeit einer systematischen Forschung?, in: ZVersWiss, 1961, S. 1-14; Möller, A.: Assekuranz und Forschung, in: VW, 1961, S. 797-801; Seuß, W.: Was kann Versicherungswissenschaft für die Praxis leisten?, in: VW, 1973, S. 485-491.

[7] Vgl. besonders Bar-Niv, R. und Bickelhaupt, D. L.: Research in International Risk and Insurance: Summary, Synthesis, and Prospects, in: Journal of Risk and Insurance, 1986, S. 119-134; Loubergé, H. und Kaplanek, H.: Versicherungs- und Risiko-Wirtschaftslehre in Europa, St. Gallen 1978; Smith, C. W.: On the Convergence of Insurance and Finanze Research, in: Journal of Risk and Insurance, 1986, S. 693-717; Stark, P.: Survey of Risk and Insurance Teaching in Europe, Nottingham, Genf 1981; Takao, A.: Die neue Entwicklung in der Versicherungswissenschaft, in: The Annals of the School of Business Administration, Kobe University, 1983, Nr. 27, S. 43-51.

Wirtschaftswissenschaften, die die Zellteilung in Betriebs- und Volkswirtschaftslehre nicht oder nur begrenzt mitgemacht haben und deshalb auf den Erkenntnisschub der Betriebswirtschaftslehre weitgehend verzichten mußten.

Die *internationale versicherungswissenschaftliche Forschung* wird durch einige Vereinigungen gefördert. Besonders erwähnenswert sind auf dem Gebiet der Versicherungsmathematik die alten internationalen Kongresse der Versicherungsmathematik (organisiert von der International Actuarial Association), die Actuarial Studies in Non-Life Insurance (ASTIN), auf dem Gebiet des Versicherungsrechts die Association Internationale de Droit des Assurances (AIDA) und auf dem Gebiet der Versicherungswirtschaftslehre die Association Internationale pour l'Etude de l'Economie de l'Assurance (Genfer Vereinigung).

3. Praxis der Versicherung

Die Praxis der Versicherung ist naturgemäß viel leichter beschreibbar als die Versicherungswissenschaft. Die Praxis umfaßt die Versicherungsgeschäfte, die an ihnen Beteiligten, also die Versicherer und die Sozialversicherungsträger, die Versicherungsnehmer, die geschädigten Dritten und die Versicherungsvermittler. Um den anwesenden „Nichtversicherern" ein paar Anhaltspunkte über die Bedeutung der deutschen Versicherung zu geben[8], seien einige Angaben (1988 für die Bundesrepublik Deutschland) gemacht:

— Prämienumsätze der Privatversicherung (Erstversicherer): 141 Mrd DM = 6,7 % des Sozialprodukts;
— Anzahl der Versicherungsunternehmen: 2216, davon 522 größere;
— Anzahl der Versicherungsnehmer: im wesentlichen gleich mit der Anzahl der privaten und öffentlichen Haushalte und der Unternehmen, also rund 30 Millionen;
— Anzahl der Versicherungsgeschäfte: etwa 320 Millionen Stück;
— Ausgaben der Sozialversicherung (Renten-, Kranken-, Unfallversicherung): 360 Mrd DM = 17,0 % des Sozialprodukts;
— Anzahl der Sozialversicherungsverhältnisse: etwa 70 bis 100 Millionen.

Die Geschichte der Versicherungspraxis, gleichsam in Analogie zu der der Versicherungswissenschaft, kann hier nicht aufgerollt werden. Naturgemäß waren Ausmaß und Geschwindigkeit von Änderungen in der Praxis weit größer als in der Wissenschaft. Dies gilt im Zweifel auch für die nähere und

[8] Vgl. Gesamtverband der Deutschen Versicherungswirtschaft e.V. (Hg.): Gesamtleistungsrechnung für die Versicherungswirtschaft, Karlsruhe 1985; Schwebler, R.: Individualversicherung in Wirtschaft und Gesellschaft, in: VW, 1990, S. 4-12.

weitere Zukunft. Möglicherweise steht die Versicherungspraxis vor den größten *Strukturveränderungen* seit dem Wiederbeginn nach dem letzten Weltkrieg. Die Stichworte dazu: der gesamtdeutsche Versicherungsmarkt, der EG-Binnenmarkt, Öffnung der osteuropäischen Märkte, Deregulierung und Neuordnung des Aufsichtssystems, Allfinanzgeschäfte.

Eine letzte Bemerkung zur Versicherungspraxis betrifft das Auseinanderdriften von *Privat- und Sozialversicherung* im Hinblick auf die rechtlichen und wirtschaftlichen Gestaltungen, das eine Entsprechung im wissenschaftlichen Bereich hat. Wesentliche Merkmale des Versicherungsgeschäfts, etwa Risikoausgleich im Kollektiv, die Äquivalenz zwischen Leistungen und Gegenleistungen, die Gestaltungsfreiheit durch die Geschäftsparteien, sind im Bereich der Sozialversicherung ganz oder teilweise verlorengegangen; Sozialversicherung ist heute in erster Linie ein Teil der staatlichen Sozialpolitik. Wichtige Zusammenhänge zwischen Privat- und Sozialversicherung bestehen noch bei den Kooperationsmodellen für die Gesamtversorgung der Bürger. Die wirtschaftswissenschaftliche Behandlung der Sozialversicherung ist im wesentlichen auf sozialpolitische und finanzwissenschaftliche Aspekte beschränkt. Das Sozialversicherungsrecht ist weitgehend verselbständigt. Die Versicherungsmathematik ist an Prognosemodellen über die demographische Entwicklung und die daraus resultierenden Probleme der Sozialversicherung beteiligt.

4. Das Verhältnis zwischen Wissenschaft und Praxis der Versicherung

41. Diagnose eines Zweckbündnisses

Realität der Versicherung und wissenschaftliche Bearbeitung von Versicherungsfragen haben eine lange Geschichte; folglich gibt es auch eine Geschichte ihres Verhältnisses zueinander, das große Schwankungen erlebt hat. Es war wohl nie die große Liebe, es kam auch nicht zur Eheschließung; aber es ist mittlerweile ein solides Zweckbündnis mit einer funktionierenden Arbeitsteilung geworden; vielleicht besteht in einigen Bereichen sogar Freundschaft zwischen Wissenschaft und Praxis[9]. In der 3. Auflage des Manes'schen Versicherungslexikons von 1930 schreibt Hanns Dorn noch sehr skeptisch: „Eine besondere Schwierigkeit für die Entwicklung der Versicherungswissenschaft ergab sich nicht selten aus ihrem eigenartigen Verhältnis zur Versicherungspraxis. Die Beziehungen zwischen beiden sind auch heute noch nicht immer so eng, wie das wünschenswert wäre. Besonders die Haltung der Versicherungspraxis zur Versicherungswissenschaft ist

[9] Vgl. zu diesem Gedanken besonders Seuß, W.: Was kann Versicherungswissenschaft für die Praxis leisten?, in: VW, 1973, S. 485.

im großen und ganzen kühl, wenn nicht gar ablehnend. Die einzelnen Persönlichkeiten, Praktiker sowie Gelehrte, tragen daran weniger Schuld als die Verhältnisse ..."[10]. Dorn sah also für die Beziehungen zwischen Wissenschaft und Praxis sowohl von der *Sache* als auch von den beteiligten *Personen* geprägt. Dieser Gedanke kann bis heute weiter verfolgt werden und wird deshalb hier nochmals aufgenommen.

42. Die sachlichen Zusammenhänge

Die *Tätigkeit* der Wissenschaft bezieht sich auf ein Erkenntnisobjekt als Ganzes; selbst wenn Einzelfragen untersucht werden, dürfen das Ganze und die Stellung des Einzelproblems im Gesamtzusammenhang nicht übersehen werden. Wissenschaft will nicht nur Realität beschreiben, sondern die kausalen und finalen Zusammenhänge in der Realität erkennen, also die „black box" aufhellen.

Die Tätigkeiten der Praxis sind häufig auf einzelne reale Objekte begrenzt, der Zusammenhang des Einzelfalles zum Gesamten wird im Tagesgeschäft häufig nicht oder nur oberflächlich hergestellt. Die Aufhellung der „black box" ist nicht der Hauptzweck praktischer Tätigkeit, es genügt zu wissen, was in die box eingegeben wird und was aus ihr herauskommt. Ein Beispiel: Der Versicherungspraxis genügt das Wissen, daß eine Prämiensenkung im Neugeschäft um x % voraussichtlich zu einer Vergrößerung des Neugeschäfts um y % führt. Die Wissenschaft will wissen, warum das so und nicht anders ist, und untersucht deshalb Preis-Absatz-Funktionen.

Die *Methoden* sind der zweite Unterscheidungspunkt. Wissenschaft arbeitet systematisch. Sie fragt grundsätzlich nach dem Katalog aller Möglichkeiten, die nach Zielgrößen bewertet werden, um optimale Lösungen erkennbar zu machen. Wissenschaft erfaßt die Realität in Modellen mit mehr oder minder großem Abstraktionsgrad und verwendet dabei häufig eine eigene Sprache.

Praxis arbeitet pragmatisch und handlungsbezogen. Sie fragt nicht nach dem Katalog aller Möglichkeiten, sondern nach den entscheidungsrelevanten Möglichkeiten. Die Praxis sucht im allgemeinen nicht nach optimalen Problemlösungen, sondern nach zufriedenstellenden, d. h. im Interesse der Entscheidungsbeschleunigung wird die Suche nach weiteren Lösungsmöglichkeiten abgebrochen, sobald eine zufriedenstellende gefunden ist. Die Praxis arbeitet im allgemeinen nicht mit abstrahierenden Modellen, sondern mit Realitäten; da aber die Realität weit komplizierter ist als ein Modell, führt dies automatisch zum Verzicht auf solche Erkenntnisse, die in der konkreten Situation für nicht erforderlich gehalten werden. Auch die Praxis

---

[10] Dorn, H.: Wissenschaft, in: Versicherungslexikon, 3. Aufl., Berlin 1930, Sp. 1857.

hat eine eigene, häufig auf Überlieferung und Konventionen beruhende Sprache.

Die Unterschiede in Methoden und Sprachen sind wohl die beiden tiefsten Gräben zwischen Versicherungswissenschaft und -praxis. Diese Bemerkung ist nicht negativ zu verstehen, weil die Gräben in der Natur der Sache angelegt sind und deshalb gar nicht beseitigt werden können. Um im Bild zu bleiben, es kommt nicht darauf an, die Gräben zwischen Wissenschaft und Praxis zuzuschütten, also die Methoden und die Sprache einzuebnen; vielmehr muß eine Brücke über die Gräben gebaut werden, so daß sich Wissenschaft und Praxis gegenseitig besuchen können und Verständnis für ihre unterschiedlichen Methoden und Sprachen gewinnen. Die größten Verständnisschwierigkeiten entstehen durch die in der Theorie verwendeten *Modelle*. Viele Modelle, vor allem wenn sie stark abstrahierend und womöglich noch mathematisch formuliert sind, werden in der Praxis nicht richtig wahrgenommen. Die reinen Sprachprobleme haben dagegen an Bedeutung verloren. Es gibt viele Beispiele für eine gewisse Annäherung der wissenschaftlichen und der praktischen Versicherungssprache.

Eine letzte Bemerkung zu den Arbeitsmethoden: Beide, Wissenschaft und Praxis, arbeiten mit ihren Methoden kreativ, d. h. sie sind auf *Neuerungen* aus. Gerade auf dem Gebiet der Versicherung, die als abstrakte Leistung erfunden wurde, sind Kreativität und Intuition wichtiger als in einer durch technische Zwänge vorgeprägten Realität, wie z. B. bei der industriellen Sachgüterproduktion.

Auch bei den *Ergebnissen* von wissenschaftlicher und praktischer Tätigkeit bestehen naturgegebene Unterschiede. Versicherungswissenschaft produziert Erkenntnisse (Wissen) ohne Rücksicht auf die Verwertbarkeit, im Regelfall also für einen potentiellen und anonymen Markt. Ob die Erkenntnisse überhaupt abgenommen werden, ist stets ungewiß. Aus dieser ungewissen Verwertungssituation für wissenschaftliche Erkenntnisse folgt eine nur schwache Rückkopplung zwischen Herstellung und Verwendung von Theorie, d. h. die Kontrolle über den Nutzen wissenschaftlicher Arbeit ist eher schwach ausgeprägt. Auch bei Wissenschaftlern gibt es daher ein gewisses „Unternehmertum" mit Risiken und Chancen.

Die Praxis produziert durch wirtschaftliche Aktivitäten Zielerfüllungen. Dies gilt für Versicherer und Versicherungsnehmer gleichermaßen. Die Zielerfüllung ist Maßstab für die Qualität der Entscheidungen. Sie wird laufend kontrolliert, d. h. die Rückkopplung von Aktivität und Ergebnis erfolgt ständig. „Unternehmertum" in der Praxis weist deshalb auch höhere Effizienz auf; die Wirkungen guter oder schlechter Entscheidungen folgen schnell, sie sind im übrigen auch meist in ökonomischen Größen bewertbar. Dies gilt auch für die Praxis der Versicherungsnehmer, in der gute oder schlechte Versicherungsentscheidungen unter Umständen schnell und umfangreich belohnt oder bestraft werden.

Mit diesen Überlegungen kann einer anderen Frage nachgegangen werden: Wer ist schneller, aktueller, wer ist Träger von *Innovation und Fortschritt* in der Versicherung, die Wissenschaft oder die Praxis? Eine generelle Antwort darauf ist nicht möglich. Es gibt Beispiele für Vorsprünge der Wissenschaft und für solche der Praxis. Historisch war die Versicherungspraxis der Wissenschaft meist voraus; dies kann mit dem größeren Druck auf praktische Ergebnisse begründet werden. Ausnahmen bestätigen allerdings die Regel: Vor allem die Versicherungsmathematik und die Versicherungsbetriebslehre haben Wissen produziert, das bisher in der Praxis noch nicht „angekommen" ist, vielleicht noch nicht einmal bemerkt wurde. Es ist allerdings zuzugeben, daß einige dieser Theoriestücke wegen vorhandener Restriktionen nicht ohne weiteres in der Praxis umgesetzt werden können.

Das Nachhinken der Wissenschaft ist auch in ihrer Arbeitsmethode begründet. Wissenschaft soll nicht nur „vordenken", sondern auch „nachdenken". Viele versicherungspraktische Vorgänge erfolgen im Zeitraffertempo, weil der Druck der Märkte keine Zeit für Vordenken und Nachdenken läßt. Wissenschaft arbeitet lieber im Zeitlupentempo, um alles möglichst genau zu erfassen.

43. Personen

Das Verhältnis von Versicherungswissenschaft zu Versicherungspraxis ist nicht nur durch die Sache, sondern auch durch die beteiligten Personen bestimmt. Die Trennung *Wissenschaftler oder Praktiker* war zweifellos früher deutlicher als heute. Ausbildung und ausgeübte Tätigkeit führten meist in das eine oder in das andere Lager. Mittlerweile sind die Übergänge fließender geworden. Viele Versicherungswissenschaftler haben auch eine praktische Ausbildung und arbeiten in vielfacher Weise in der Praxis mit. Umgekehrt haben viele Praktiker auch eine wissenschaftliche Ausbildung in einer oder mehreren Disziplinen erhalten und arbeiten in der Wissenschaft mit.

Diese wechselseitige Durchdringung ist einer der wichtigsten Faktoren für die Zusammenarbeit zwischen Wissenschaft und Praxis. Sie vollzieht sich in vielfältiger Weise, in breiter Form im erwähnten Deutschen Verein für Versicherungswissenschaft, aber auch in vielen wissenschaftlichen Einrichtungen von Hochschulen. Lassen Sie mich als Beleg ein paar Beispiele aus der Universität zu Köln und damit aus unserem Institut nennen:

— Paul Moldenhauer, der erste Ordinarius auf dem Kölner Lehrstuhl für Versicherungswissenschaft, ging später als Reichswirtschafts- und Reichsfinanzminister in die (politische) Praxis.

— Walter Rohrbeck, der Gründer unseres Instituts, kam aus der Versicherungspraxis; er war Vorstand eines Versicherungsunternehmens.

— Karl Hax war vor seiner Habilitation an der Kölner Universität viele Jahre lang als Handelslehrer in Versicherungsfachklassen in Köln praktisch tätig.

— Paul Braeß war vor seiner wissenschaftlichen Tätigkeit in Köln in mehreren Versicherungsunternehmen (darunter als Direktor einer öffentlichrechtlichen Anstalt) und in der öffentlichen Verwaltung tätig.

— Viele der in Köln im versicherungswissenschaftlichen Bereich tätigen Lehrbeauftragten und Honorarprofessoren waren hauptberuflich in hervorragender Stellung in der Praxis tätig, beispielsweise
  — Erich Roehrbein als Präsident des Landessozialgerichts NRW,
  — Helmut Kracke als Vorstand eines Lebensversicherers,
  — Georg Heubeck als Inhaber eines mathematischen Sachverständigenbüros,
  — Kurt Jantz als hoher Beamter im Arbeitsministerium und als Generalsekretär für die Sozialreform,
  — Willy Minz als Wirtschaftsprüfer.

Diese Liste ließe sich mit vielen lebenden Personen verlängern, von denen einige hier und heute am Festakt teilnehmen. An anderen Universitäten und Hochschulen liegen ähnliche Verhältnisse vor.

Es gibt noch einen weiteren Zusammenhang zwischen den Personen der Versicherungswissenschaft und dem Verhältnis zur Versicherungspraxis. Es kommt nämlich wesentlich darauf an, ob die Versicherungswissenschaftler *Vertreter einer Mutterwissenschaft* sind, die *auch* Versicherungsfragen behandelt, oder ob sie gleichsam „*Nurversicherungswissenschaftler*" sind, die auf dem Gebiet der Mutterwissenschaft nicht mehr aktiv forschend und lehrend tätig sind. Beide Typen, also Generalisten und Spezialisten, kommen in den Bereichen der Versicherungswirtschaftslehre, des Versicherungsrechts und der Versicherungsmathematik vor. Der *Generalist* hat möglicherweise Schwierigkeiten, die gesamte Realität der Versicherung richtig wahrzunehmen und alle Aspekte sachgerecht zu behandeln. Der versicherungswissenschaftliche *Spezialist* hat dagegen möglicherweise Schwierigkeiten, den Fortschritt seiner Mutterwissenschaft in vollem Umfang wahrzunehmen, also auf dem Stand des Wissens zu bleiben. Der Fortgang der Versicherungswissenschaft erfordert das Nebeneinander von versicherungswissenschaftlichen Generalisten und Spezialisten. In der heutigen Situation besteht eher die Notwendigkeit, vermehrt wissenschaftliche Generalisten für die Probleme der Versicherung zu interessieren, um eine gewisse Isolierung der Versicherungswissenschaft von den Mutterwissenschaften zu verhindern — ein Problem, das auch andere Dienstleistungsbereiche kennen.

Die Frage der Generalisierung oder Spezialisierung betrifft nicht nur das Verhältnis von Mutterwissenschaft zur Versicherungswissenschaft, sondern auch das *Verhältnis der Wissenschaften untereinander.* Versicherungswissenschaft ist notwendigerweise interdisziplinär. Der Nurjurist, der Nurbetriebswirt, der Nurvolkswirt, der Nurmathematiker, alle tun sich schwer, die komplexe Realität von Versicherung zu erfassen. Auch hier bedarf es also einer Generalisierung in der Form, daß die interdisziplinären Fähigkeiten der Wissenschaftler gefördert werden.

44. Ein Fazit

Die Abstände zwischen Versicherungswissenschaft und Versicherungspraxis sind im Vergleich zu früher wesentlich geringer geworden. Das Verhältnis ist — um im Bild von Hanns Dorn zu bleiben — „wärmer" geworden, ohne daß es allerdings zu Überhitzungen gekommen wäre. Sicher sind auch heute noch Distanzen vorhanden, die mehr in der Sache, weniger in den Personen begründet sind.

Die Unterschiede in der Sache sind nicht änderbar: Inhalte und Methoden wissenschaftlicher Tätigkeit sind und bleiben andere als die praktischer Tätigkeit. Und der Druck auf die Erzielung von Ergebnissen ist in der Wissenschaft deutlich schwächer als in der Praxis. Die personenbezogenen Distanzen sind deutlich verringert, nicht zuletzt durch die Bemühungen von Wissenschaftlern und Praktikern in Instituten wie dem unseren: viele hauptberufliche Versicherungswissenschaftler haben persönliche und sachliche Beziehungen zur Versicherungspraxis; dies gilt ganz besonders für die Wirtschafts- und Rechtswissenschaftler und für viele Mathematiker. Umgekehrt sind viele hauptberufliche Versicherungspraktiker im wissenschaftlichen Bereich tätig, indem sie auch forschen und lehren. Zur Begründung dieser Konvergenzthese wurden die letzten drei Jahrgänge der Zeitschrift für die gesamte Versicherungswissenschaft (1987 bis 1989) untersucht. Von den Autoren der dort abgedruckten wissenschaftlichen Aufsätze mit wirtschaftlichem, rechtlichem und mathematischem Inhalt waren 33 hauptberufliche Versicherungswissenschaftler und 34 hauptberufliche Versicherungspraktiker. Nach diesen Zahlen ist das Verhältnis zwischen den Wissenschaftlern und Praktikern der Versicherung also recht ausgewogen.

In den einzelnen Teildisziplinen ist die Praxisnähe der Wissenschaft bzw. ist die Wissenschaftsnähe der Praxis allerdings noch recht verschieden. Traditionell bestehen die engsten Beziehungen im Bereich des Versicherungsrechts und in der klassischen Personenversicherungsmathematik; im letzten Fall sind Wissenschaft und Praxis nahezu identisch. Die Versicherungsbetriebslehre kommt der Praxis immer näher, und die Praxis verwendet vermehrt versicherungsbetriebliche Theorie. Medizin, Ingenieurwissenschaften und die Naturwissenschaften arbeiten über Risiko- und Versicherungsfragen meist in enger Zusammenarbeit mit der Praxis. Größere Distanzen bestehen noch zwischen der volkswirtschaftlichen Theorie der Versicherung und der Praxis sowie bei der neueren Versicherungsmathematik in Form der Risikotheorie. In beiden Fällen operiert die Wissenschaft noch mit abstrakten Modellen und einer eigenen Sprache. Gelegentlich hat man deshalb den Eindruck, daß hier noch Verständigungsprobleme vorliegen.

5. Eine Prognose oder Vision der Zukunft von Versicherungswissenschaft und Versicherungspraxis

Was haben Versicherungswissenschaft und -praxis in der Zukunft zu erwarten? Lassen Sie mich dazu eine Prognose, vielleicht sogar eine Vision, andeuten. Die Realität der Versicherung weist bis heute eine hohe *Spezialität* und ein gut *abgrenzbares Geschäftsfeld* auf. Zwar sind Privat- und Sozialversicherung durch ihre Geschäftstätigkeit praktisch mit allen Bereichen des Wirtschafts- und Soziallebens verbunden, aber das Selbstverständnis der Versicherer ist überwiegend das von Spezialisten, die Versicherungsschutz für exakt definierte Risiken bieten. Versicherer sehen primär sich selbst, ihre Produkte und die unmittelbaren Beziehungen zur Umwelt, also besonders zu den Versicherungsnehmern.

Wir erleben eine Zeit außergewöhnlich schneller und starker Veränderungen der natürlichen, politischen, gesellschaftlichen und wirtschaftlichen Systeme. Die Realität präsentiert sich nicht mehr sauber sortiert nach Bereichen, sondern als ein *vernetztes System* mit vielen wechselseitigen Beziehungen. Die Realität ist — um ein Modewort zu verwenden — *global*. Diese Betrachtungsweise gilt auch für das Phänomen Risiko. Beherrschend sind nicht mehr die vielen Einzelrisiken der Einzelsubjekte (jene bleiben für diese natürlich wichtig), sondern die großen, globalen Risiken, die als „Existenzrisiken" bezeichnet werden[11]. Beispiele dafür sind Nuklearkatastrophen, Naturkatastrophen, Klimaveränderungen, Krieg, Genveränderungen, AIDS, große Wirtschafts- und Finanzrisiken.

Vor diesem Hintergrund stellt sich die Frage „Was ist Versicherung"? nicht mehr in erster Linie unter dem Aspekt der Herstellung und Verwendung einzelner Versicherungen, sondern nach den Funktionen der Versicherung für Einzelwirtschaften, für Gesamtwirtschaften, für die Weltwirtschaft, für

[11] Vgl. Frey, P. und Walter, W.: Beiträge der Versicherung zur Bewältigung von Existenzrisiken der Gesellschaft, in: ZVersWiss, 1988, S. 363-383; Karten, W.: Existenzrisiken der Gesellschaft, Herausforderung für die Assekuranz, in: ZVersWiss, 1988, S. 343-362; Bayerische Rückversicherung AG (Hg.): Gesellschaft und Unsicherheit, Karlsruhe 1987.

die Gesellschaft[12]. Anders ausgedrückt, es geht nicht mehr nur um diskrete Einzelprobleme, sondern es geht um den *Beitrag der Versicherung zur Lösung der globalen Probleme*, wie Risiken begrenzt und Sicherheit erhöht werden können. Versicherung trägt dazu *technisch-praktisch* bei, indem sie Risikoursachensysteme untersucht und Schadenverhütungssysteme entwickelt; oft zwingt sie zu einer Mindestsicherheit, indem sie ohne solche Standards Versicherungsschutz verweigert. Beispiele dafür gibt es in vielen Versicherungszweigen. Versicherung trägt dazu auch *wirtschaftlich* bei, indem sie Mittel zum Ausgleich von Schäden bereitstellt. Und Versicherung trägt dazu *psychologisch* bei, indem sie Risikoängste durch Sicherheitsempfinden ersetzt und die Akzeptanz beherrschbarer Risiken erhöht. Versicherung ist in dieser globalen Sicht ein wichtiger Koalitionsmanager zwischen Risikoproduzenten und Sicherheitbedürftigen.

Das Versicherungsmodell für die Zukunft sieht somit wie in Übersicht 2 dargestellt aus.

(1) Das Gesamtsystem Gesellschaft und Wirtschaft ist durch Risiken bedroht, die bestimmte Ursachensysteme haben.

(2) Die Risiken werden faktisch und/oder rechtlich bestimmten Einzelsubjekten, bestimmten Gruppen oder dem Staat zugeordnet.

(3) Die Wirtschaftssubjekte und deren Gruppen sind bestrebt, gegebene Risikolagen zu begrenzen, deshalb betreiben sie Risikopolitik oder Risk Management.

(4) Zur Realisierung von Sicherheit wollen sie über den Versicherungsmarkt Risiken gegen Prämienzahlung abgeben, sie werden zu Versicherungsnehmern.

(5) Versicherer bieten am Markt Versicherungsschutz an, sind bereit, gegen Prämienzahlung Risiken zu übernehmen. Sie wenden bestimmte versicherungs- und betriebstechnische Verfahren an, um die Sicherheitsgüter herzustellen.

(6) Versicherer sind zu verstehen als eine Vielzahl von Erst- und Rückversicherern; letzte erhöhen die Kapazität der Erstversicherer und bewirken zusätzliche Risikoausgleichseffekte.

Dieses globale Modell der Versicherung, das die Gesamtspanne von den Risikoursachensystemen bis zur letzten Retrozession umfaßt, beschreibt die zukünftige Realität der Versicherung. Zweifellos wird es auch in Zukunft die herkömmliche Versicherung vorgegebener und bekannter Risiken geben; das ist nicht weiter problematisch. Wichtiger ist aber die Mitwirkung der Versicherung an Risikoanalyse, Risikobegrenzung und Risikodeckung durch Finanzierung in globaler Sicht. Versicherer werden also zunehmend *Sicherungsunternehmen* sein.

---

[12] Vgl. Haller, M.: Produkt- und Sortimentsgestaltung, in: HdV, Karlsruhe 1988, S. 561-567.

Übersicht 2: Globales Risiko/Versicherungsmodell

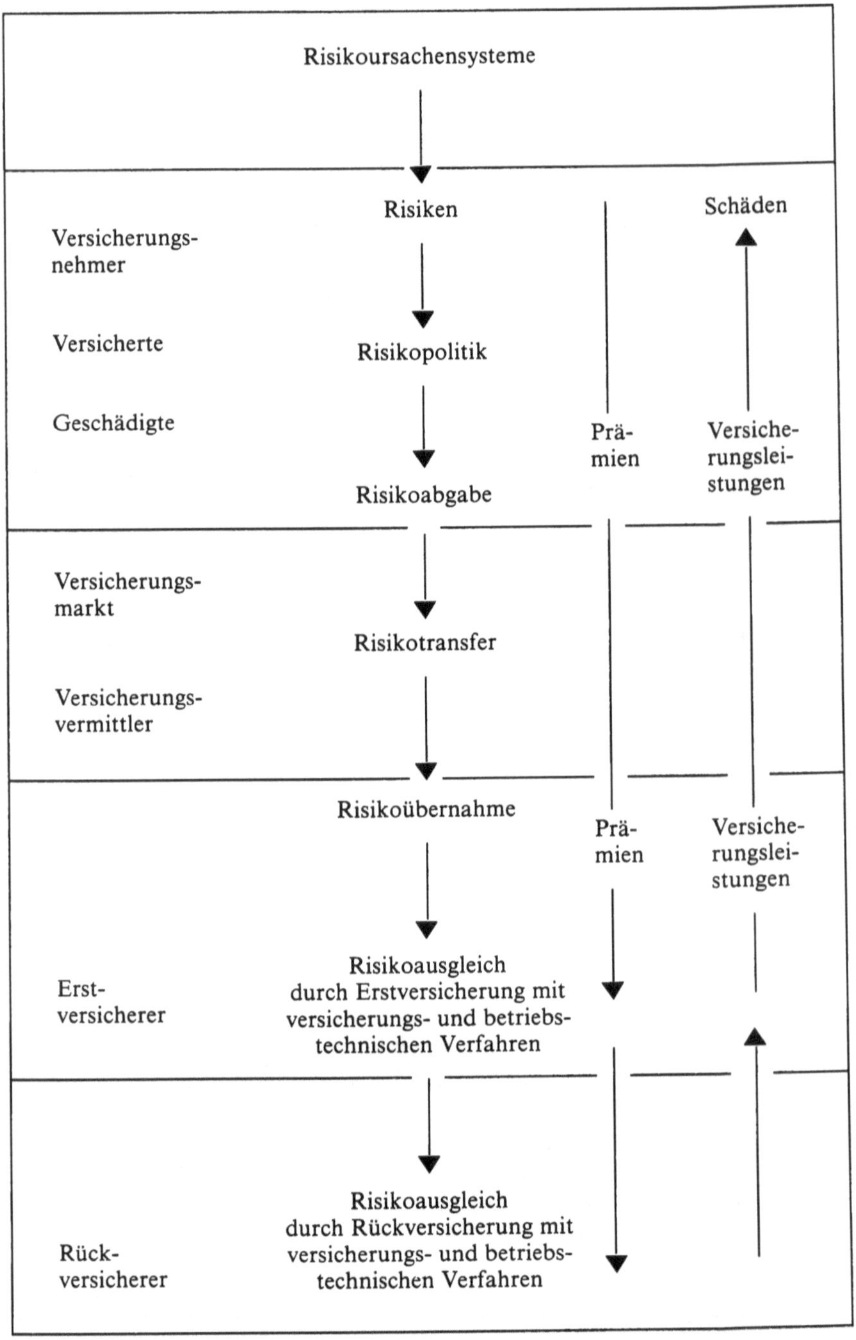

Die Versicherungswissenschaft muß dieser realen Entwicklung folgen. Auch ihre Objekte werden globaler, ihre Methoden differenzierter und noch mehr interdisziplinär sein. Die Versicherungswissenschaft kann ausgebaut werden zu einer allgemeinen „*Sicherheitswissenschaft*“[13] und erhält dann eine globale Dimension.

Die Erweiterung betrifft vor allem die Risikoursachensysteme, das Risk Management sowie die technischen Verfahren für die Versicherung globaler Schadenereignisse. Es ist nicht mehr so wichtig, „was Versicherung ist“, sondern welchen Beitrag sie für die globalen Sicherungskonzepte von Gesellschaft und Wirtschaft zu leisten vermag und wie dieser Beitrag verfahrenstechnisch optimiert wird. Die Versicherungswissenschaft hat sich deshalb viel stärker als bisher mit Aggregatgrößen und weniger mit diskreten Einzelgrößen zu beschäftigen.

Bei dieser Aufgabenstellung ist interdisziplinäre Forschung unerläßlich. Eine globale Versicherungswissenschaft wird gegenüber den einzelnen Wissenschaften immer wichtiger. Die ersten Arbeiten sind dazu bereits vorhanden; interessanterweise stammen sie zu einem Teil von den bedeutenden Rückversicherungsunternehmen, die von der Globalisierung der Risiken und ihrer Deckung zuerst betroffen waren.

Es ist also für Versicherungswissenschaft und -praxis erforderlich, den Katalog der Notwendigkeiten und den Katalog der Möglichkeiten neu zu bestimmen. Dabei wird es sicher auch zu unbequemen Feststellungen kommen, vor allem über die begrenzte Leistungsfähigkeit von Wissenschaft und Praxis. Für das neue Verständnis von Versicherung sind vielfach eine neue Diktion und Sprache erforderlich; denn der Beitrag der Versicherung zur globalen Sicherheitsproblematik ist nicht leicht definierbar.

6. Gegenwärtige hauptsächliche Forschungsaufgaben der Versicherungswissenschaft

Lassen Sie mich zum Schluß von der Zukunftsvision in die Gegenwart versicherungswissenschaftlicher Forschungsnotwendigkeiten zurückkommen und dabei auch ein paar Schwerpunkte der Arbeit in unserem Institut mit seinen drei Abteilungen Versicherungswirtschaft, Versicherungsrecht und Versicherungsmathematik darstellen. Um den Hinweis auf interdisziplinäre Ansätze zu verstärken, erfolgt die Beschreibung nicht nach einzelnen Wissenschaften, sondern nach Sachgebieten. Sieben Themen erscheinen mir besonders wichtig:

---

[13] Vgl. Kuhlmann, A. u. a.: Einführung in die Sicherheitswissenschaft, Wiesbaden, Köln 1981.

(1) Die vielleicht wichtigste wissenschaftliche Fragestellung betrifft das beschriebene *globale Sicherheitsproblem* mit der Kausalkette von den Risikoursachensystemen über die Risiken zum Versicherungsschutz, der dafür notwendigen Versicherungs- und Rückversicherungstechnik. Die Anreicherung der Forschungsgegenstände erfolgt von der Risiko- und Kundenseite her über das Risk Management, von der Versichererseite her über die Produktgestaltung in rechtlicher und wirtschaftlicher Hinsicht. Hier müssen alle Disziplinen zusammenarbeiten. Einzelaspekte in diesem Forschungsbereich sind neue Versicherungsprodukte für neue Risiken, vielleicht auch neue Versicherungsprodukte für altbekannte Risiken, darunter die bisher noch nicht ausdiskutierten All Risk-Deckungen. Die Frage der Versicherbarkeit von neuen und alten Risiken ist nicht theoretisch nach absoluten Kriterien bestimmbar, sondern entsprechend den subjektiven Entscheidungen von Versicherungsnehmern und Versicherern in der Praxis. Versicherbar ist, was am Markt versichert wird. Erwähnenswert ist auch die Suche nach neuen Prämien- und Tarifierungstechniken für schwer abschätzbare oder stark veränderliche Risiken. Umlageverfahren und Erfahrungstarifierung erfahren vielleicht eine Renaissance. Techniken der Poolung von Risiken können den Risikoausgleich fördern.

(2) Weiter erforschungsbedürftig ist die *Stellung der Versicherung in der Gesamtwirtschaft und der Gesellschaft.* Hier müssen in erster Linie Volkswirte und Sozialwissenschaftler tätig werden. Mit neuen Forschungsergebnissen kann das Wissen über Privat- und Sozialversicherung verbessert werden, das Bewußtsein über Risiken und ihre Deckung kann gefördert werden.

(3) Ein aktuelles Thema ist die Gestaltung der *Versicherungsmärkte* mit ihren rechtlichen und faktischen Strukturen. Die Marktordnung ist in einem neuen Kompromiß zwischen mehr Wettbewerb und der Erhaltung des erforderlichen und erwünschten Verbraucherschutzes zu bestimmen. Damit sind viele rechtliche und wirtschaftliche Fragen angesprochen, die seit einigen Jahren unter dem Stichwort der „Deregulierung" diskutiert werden.

(4) Die absehbaren Änderungen in der Beziehung zwischen der *Banken- und Versicherungswirtschaft* bedeuten möglicherweise eine Erweiterung von Wissenschaft und Praxis der Versicherung um bank-, kredit- und andere finanzwirtschaftliche Fragen. Die weitere Entwicklung ist noch nicht klar. Vermutlich wird hier wieder einmal die Praxis der Theorie vorausgehen. Einzuschließen in die Untersuchungen sind die Konsequenzen für Nachfrager, Anbieter, die Produkte und die Aufsichtssysteme. Die Fragestellungen sind überwiegend rechtlicher und wirtschaftlicher Art; Mathematiker können allerdings bei der Produktentwicklung wertvolle

Beiträge leisten, auch die quantitative Kapitalmarkttheorie und die neue Versicherungsmathematik für die Aktivgeschäfte sind zu erwähnen.

(5) Ein wenig am Rand versicherungswissenschaftlicher Forschung steht zur Zeit die *Sozialversicherung* als wesentlicher Bestandteil der sozialen Sicherheit; deshalb sei unter Versicherungswissenschaftlern besonders daran erinnert, daß hier sowohl von Volkswirten, besonders von Finanzwissenschaftlern, und Mathematikern mit ihren Prognosemodellen weitere Arbeiten zu erwarten sind. Auch die Sozialpolitiker sind gefordert, um das notwendige Ausmaß staatlich geregelter Sicherheitssysteme zweckmäßig zu dimensionieren.

(6) Die Praxis der Versicherung zeigt in den letzten Jahren einen deutlichen Trend zur *Internationalisierung*. Die Wissenschaft hat Modelle für Internationalisierungsstrategien vorgestellt, die die rechtlichen und wirtschaftlichen Aspekte umfassen. Spezielle Fragen sind weiter die Wirkungen der Internationalisierung auf die Aggregatgrößen der Außenwirtschaft und das Währungsrisiko. Einen Ausschnitt aus dem Internationalisierungsthema, gleichsam eine Fallstudie, bildet die Schaffung des gemeinsamen Versicherungsmarkts in der EG. In diesen Bereich gehören auch die Herstellung einer einheitlichen deutschen Versicherungswirtschaft und die Umgestaltung der osteuropäischen Assekuranzen von planwirtschaftlichen in marktwirtschaftliche Systeme. Auch hier eilt die Praxis weit voraus; die Wissenschaft wird nacharbeiten müssen. Sie hat hier übrigens eine wesentliche Funktion in der Lehre, weil marktwirtschaftliche Versicherung in den osteuropäischen Ländern erst gelehrt und gelernt werden muß.

(7) Ein letztes aktuelles Thema in Wissenschaft und Praxis ist die Strategie der *Geschäftsfelderdifferenzierung für das Firmen- und Privatkundengeschäft*. Dieses zunächst betriebswirtschaftliche Problem hat auch bedeutsame juristische Einschläge, etwa im Wettbewerbsrecht und im Aufsichtsrecht, da für die beiden Geschäftsfelder voraussichtlich unterschiedliche Regulierungsintensitäten vorliegen werden. Da die rechtliche Separierung der beiden Geschäftsfelder nicht ausgeschlossen werden kann, kommt es möglicherweise zu neuen Konzernstrukturen. Auch darüber sind aus wirtschaftlicher und juristischer Perspektive Gestaltungsmodelle zu entwerfen und zu bewerten.

Diese hier als besonders wichtig und aktuell festgestellten Fragen von Versicherungswissenschaft und -praxis können naturgemäß nicht gleichzeitig und nebeneinander in unserem Institut umfassend und abschließend bearbeitet werden. Soweit interdisziplinäre Fragen angesprochen sind, funktioniert die Zusammenarbeit zwischen den Abteilungen Versicherungswirtschaft und Versicherungsrecht auf den Gebieten der Strukturierung von Versicherungsunternehmen bzw. -konzernen, der EG-Fragen, der Internationalisierung, der Produkt- und Vertragsgestaltung und der Regulierungsproblematik hervorragend. Die fachliche Zusammenarbeit von Juristen und Ökonomen wird durch die physische Nähe deutlich erleichtert.

Die interdisziplinäre Zusammenarbeit mit der Abteilung Versicherungsmathematik ist dadurch ein wenig erschwert, daß die Versicherungsmathematik derzeit überwiegend nur „nebenberuflich" vertreten ist und eine räumliche Einheit im Institut nicht hergestellt werden kann. Wir sind aber optimistisch, daß die Abteilung Versicherungsmathematik durch eine Erneuerung der Diplom-Studiengänge für Mathematiker mit besonderer Betonung der Versicherungs- und Risikomathematik aufgewertet wird, wodurch sich weitere Anlässe der Zusammenarbeit ergeben.

Natürlich betreiben wir nicht nur interdisziplinäre Versicherungsforschung und Versicherungslehre. Professoren, wissenschaftliche Mitarbeiter und Studenten beackern auch ihre eigenen wissenschaftlichen „Schrebergärten" mit einer Fülle von Einzelthemen. Die sich an unsere Jubiläumsfeier anschließende Festschrift wird dieses durch die Liste von Diplomarbeiten, Dissertationen und anderen Veröffentlichungen aus dem Institut dokumentieren. Als wir diese Liste zusammengestellt haben, waren wir selbst von der Vielfalt der bearbeiteten Themen beeindruckt. Sie sind ein Beweis für die ungebrochene Faszination des realen Sachverhalts Versicherung und seiner wissenschaftlichen Behandlung. Ich hoffe, daß die Mehrzahl der hier anwesenden Zuhörer dieser abschließenden Feststellung zustimmen kann.

Literaturhinweise

Bar-Niv, Ran; *Bickelhaupt,* David L.: Research in International Risk and Insurance: Summary, Synthesis, and Prospects, in: Journal of Risk and Insurance, (53) 1986, S. 119-134.

Bayerische Rückversicherung AG Hg.: Gesellschaft und Sicherheit, Karlsruhe 1987.

Braeß, Paul: 25 Jahre Institut für Versicherungswissenschaft an der Universität zu Köln, Berlin 1966.

Dorn, Hanns: Versicherungswissenschaft und Versicherungspraxis, in: Neumanns Zeitschrift für Versicherungswesen, 50) 1927, S. 6-7.

— Wissenschaft, in: Manes, Alfred (Hg.): Versicherungslexikon, 3. Aufl., Berlin 1930, Sp. 1849-1860.

Eichler, Hermann: Versicherungswissenschaft als einheitliche Wissenschaft, in: VersWissArch, (46) 1957, S. 219-225.

Farny, Dieter: Anwendungsorientierte Versicherungsbetriebslehre und rechtlicher Datenkranz für das Wirtschaften in Versicherungsunternehmen, in: Gaugler, Eduard; Meissner, Hans-Günther; Thom, Norbert (Hg.): Zukunftsaspekte der anwendungsorientierten Betriebswirtschaftslehre, Erwin Grochla zum 65. Geburtstag, Stuttgart 1986, S. 419-432.

— Versicherungsbetriebslehre: Wirtschaftliche Theorie des Versicherungsunternehmens und seiner Beziehungen zur Umwelt, in: ZVersWiss, (79) 1990, S. 1-30.

Frey, Emil: Wissenschaft und Praxis. Einige Bemerkungen zu einem leidigen Thema, in: Farny, Dieter (Hg.): Wirtschaft und Recht der Versicherung, Paul Braeß zum 66. Geburtstag, Karlsruhe 1969, S. 73-79.

Frey, Emil; *Möller*, Hans; *Bogs*, Walter; *Stockmann*, Herbert; *Hax*, Karl; *Kracke*, Helmut; *Vossen*, Otto: 75 Jahre Deutscher Verein für Versicherungswissenschaft, Berlin, in: ZVersWiss, (62) 1973, S. 1-63.

Gerathewohl, Klaus: Forschung in der Versicherungswirtschaft — Probleme bei der Arbeitsteilung, in: ZfV, (26) 1975, S. 569-573.

Grossmann, Marcel: Besteht für die Versicherungsunternehmung die Notwendigkeit einer systematischen Forschung?, in: ZVersWiss, (50) 1961, S. 1-14.

Haus, Karl: Versicherungswirtschaft und Versicherungswissenschaft, in: VW, (5) 1950, S. 329-331.

Hax, Karl: Stand und Aufgaben der versicherungswissenschaftlichen Einrichtungen in Deutschland, in: VW, (2) 1947, S. 309-312.

— Der augenblickliche Stand der deutschen Versicherungswissenschaft, in: Jahrbuch des Vereins für Versicherungswissenschaft und -praxis in Hessen, 1951, S. 61-66.

Helten, Elmar: Einflüsse der Informatik und Systemforschung auf die Versicherungswissenschaft und Versicherungswirtschaft, in: versicherungsbetriebe, 1984, Nr. 4, S. 29-32.

Kisch, Wilhelm: Versicherungswissenschaft und Versicherungspraxis, in: Die Jubiläumstagung des Vereins, Veröffentlichungen des Deutschen Vereins für Versicherungswissenschaft, Heft 34, Berlin 1924, S. 35-43.

Lohscheid, Hans Gert: Zur Wissenschaft von der Versicherung, in: Möller, Hans (Hg.): Beiträge zur Versicherungswissenschaft, Festgabe für Walter Rohrbeck, Berlin 1955, S. 193-205.

— Theoretische und angewandte Versicherungswissenschaft, in: VersWissArch, (48) 1959, S. 413-446.

Loubergé, Henri; *Kaplanak*, Heinz: Versicherungs- und Risiko-Wirtschaftslehre in Europa, St. Gallen 1958.

Möller, Alex: Assekuranz und Forschung, in: VW, (16) 1961, S. 797-801.

Möller, Hans: Versicherungspraxis und Versicherungswissenschaft, in: VW, (32) 1977, S. 79-82.

Rohrbeck, Walter: Wirtschaftswissenschaftliche Forschungsaufgaben des Versicherungswesens, Berlin 1939.

— Versicherungswissenschaft und Versicherungswirtschaft, in: Grund- und Zeitfragen der Versicherungswirtschaft und der Versicherungswissenschaft, Schriftenreihe des Instituts für Versicherungswissenschaft der Universität zu Köln, Heft 1, Berlin 1941, S. 35-60.

— Die Versicherung als Grundlage einer besonderen Wissenschaft, in: VW, (5) 1950, Sonderbeilage zu Nr. 24, S. I-III.

Rohrbeck, Walter; *Lobscheid*, Hans Gert: Entwicklung und Stand der Versicherungswissenschaft in Deutschland, in: Versicherungsrundschau, (11) 1956, S. 193-210.

Schmidt, Reimer: Wissenschaft und Praxis des Versicherungsrechts, in: Erdsiek, Gerhard (Hg.): Juristen-Jahrbuch, 2. Band, Köln 1961/62, S. 144-170.

— Wissenschaft und Praxis der Versicherung, in: ZVersWiss, (69) 1980, S. 515-528.

— Zur jüngeren Entwicklung der Versicherungswissenschaften, in: Opitz, Otto; Rauhut, Burkhard (Hg.): Ökonomie und Mathematik, Rudolf Henn zum 65. Geburtstag, Berlin, Heidelberg 1987, S. 461-475.

— Versicherungswissenschaft, in: HdV, Karlsruhe 1988, S. 1243-1249.

Schwebler, Robert: Zur Praxistendenz neuerer Ansätze der Wirtschaftswissenschaften im Versicherungswesen, in: ZVersWiss, (79) 1990, S. 331-358.

Schwebler, Robert; *Hilger*, Horst: Zur Bedeutung der Wirtschaftswissenschaften für die Versicherungspraxis, in: ZVersWiss, (76) 1987, S. 339-367.

Seuß, Wilhelm: Was kann Versicherungswissenschaft für die Praxis leisten?, in: VW, (28) 1973, S. 485-491.

Smith jr., Clifford W.: On the Convergence of Insurance and Finance Research, in: Journal of Risk and Insurance, (53) 1986, S. 693-717.

Stark, P.: Survey of Risk and Insurance Teaching in Europe 1979-1980, Nottingham, Genf 1981.

Takao, Atsushi: Die neue Entwicklung in der Versicherungswissenschaft, in: The Annals of the School of Business Administration, Kobe University, 1983, Nr. 27, S. 43-51.

Voigt, Fritz: Versicherungswissenschaft, in: Finke, Eberhart (Hg.): Handwörterbuch des Versicherungswesens, Darmstadt 1958, Sp. 2383-2390.

ZWEITER TEIL

Dokumentation
über das Institut für Versicherungswissenschaft
an der Universität zu Köln

1. Satzung des Instituts für Versicherungswissenschaft an der Universität zu Köln (Stand 1.12.1964)

§ 1

(1) Das Institut für Versicherungswissenschaft an der Universität zu Köln dient der wissenschaftlichen Forschung auf dem gesamten Gebiet des Versicherungswesens. Dazu gehört die Aufgabe, die einschlägige Literatur systematisch zu sammeln und auszuwerten. Geeignete Arbeiten des Instituts werden in eigenen Schriftenreihen veröffentlicht.

(2) Im Rahmen des Instituts ist die wissenschaftliche Ausbildung des akademischen Nachwuchses für die Versicherungswirtschaft zu fördern und das allgemeine Verständnis für die Belange des Versicherungswesens zu wecken und zu vertiefen.

(3) Die Arbeit des Instituts soll, soweit erforderlich, mit den beteiligten Fakultäten abgestimmt werden.

§ 2

(1) Das Institut für Versicherungswissenschaft gliedert sich in drei Abteilungen:

1. Versicherungswirtschaft,
2. Versicherungsrecht,
3. Versicherungsmathematik.

Die Einrichtung einer vierten Abteilung für Versicherungsmedizin wird vorgesehen.

(2) Die Abteilungen des Instituts sind wirtschaftlich und organisatorisch selbständig. Sie werden von dem Inhaber eines für die Abteilungsaufgaben zuständigen Lehrstuhls als Direktor geleitet.
In Ausnahmefällen kann im Einvernehmen mit der zuständigen Fakultät auch ein Nichtordinarius die Leitung einer Abteilung wahrnehmen. § 85 Ziff. 1 der Universitätssatzung bleibt unberührt.

(3) Die Bücherei und das Archiv des Instituts stehen allen Abteilungen gleicherweise zur Verfügung.

§ 3

Die Institutsleitung besteht aus den Direktoren der Abteilungen. Den Vorsitz führt der Leiter der Abteilung Versicherungswirtschaft; ihm obliegt als geschäftsführendem Direktor auch die Wahrnehmung der allgemeinen Verwaltungsgeschäfte.

§ 4

(1) Das Institut hat ordentliche, korrespondierende und Ehrenmitglieder.

(2) Ordentliche Mitglieder können auf Antrag solche Personen werden, die sich an den Aufgaben des Instituts beteiligen. Die Entscheidung über die Annahme trifft der geschäftsführende Direktor des Instituts.

(3) Zu korrespondierenden Mitgliedern können Gelehrte und Praktiker des In- und Auslandes ernannt werden, die die Arbeit des Instituts wesentlich unterstützen.

(4) Zu Ehrenmitgliedern können Förderer des Instituts und seiner Arbeit ernannt werden, die sich in hervorragender Weise um die Erreichung der Institutsziele verdient gemacht haben.

(5) Die Ernennung von korrespondierenden und Ehrenmitgliedern erfolgt durch einstimigen Beschluß der Abteilungsdirektoren.

§ 5

Die Benutzung der Institutseinrichtungen sowie die Teilnahme an den Veranstaltungen des Instituts stehen allen Institutsmitgliedern frei.

Die Einzelheiten werden durch eine von den Abteilungsdirektoren gemeinsam zu erlassende Institutsordnung geregelt.

§ 6

(1) Das Institut wird vom „Verein der Förderer des Instituts für Versicherungswissenschaft an der Universität zu Köln e.V." getragen. Die Unabhängigkeit des Instituts und seiner Abteilungen im wissenschaftlichen Bereich wird dadurch nicht berührt.

(2) Die Mitglieder des Fördervereins haben die gleichen Rechte wie die Institutsmitglieder.

(3) Die vom Verein der Förderer des Instituts für Versicherungswissenschaft zur Verfügung gestellten Geldmittel werden im Einvernehmen mit dem Schatzmeister des Fördervereins gemeinsam von den Abteilungsdirektoren verteilt.

§ 7

Wissenschaftliche Referenten, Assistenten, Angestellte und Hilfskräfte werden auf Vorschlag des fachlich zuständigen Abteilungsdirektors im Rahmen der ihm zur Verfügung stehenden Etatmittel durch den Verein der Förderer des Instituts für Versicherungswissenschaft eingestellt. Für das Dienstverhältnis sollen im allgemeinen die für gleichartige Kräfte bei der Universität geltenden Grundsätze Anwendung finden.

§ 8

Für den Verwaltungsbereich des Instituts für Versicherungswissenschaft besteht ein Beirat. Er setzt sich zusammen aus:

1. dem Rektor der Universität zu Köln,
2. den Dekanen der beteiligten Fakultäten der Universität zu Köln,
3. dem Vorsitzenden des Kuratoriums der Universität zu Köln,
4. den Vorstandsmitgliedern des Fördererverein,
5. den Abteilungsdirektoren des Instituts.

Der Beirat kann weitere Mitglieder ernennen. Er tritt wenigstens einmal jährlich zu einer Sitzung zusammen, in welcher von den Direktoren über das abgelaufene Haushaltsjahr ein Tätigkeitsbericht erstattet wird. Die Einberufung des Beirats erfolgt durch den geschäftsführenden Direktor des Instituts.

§ 9

Bei Auflösung des Instituts ist dessen gesamter Besitz auf die Universität zu Köln zu übertragen mit der Auflage, Bücher, Archiv- und Sammelbestände der weiteren Benutzung für Zwecke der Wissenschaft und Praxis zugänglich zu halten.

2. Ehrenmitglieder und korrespondierende Mitglieder des Instituts für Versicherungswissenschaft

Ehrenmitglieder

Prof. Dr. Erich Roehrbein, Präsident des Landessozialgerichts Nordrhein-Westfalen, Honorarprofessor der Universität zu Köln, Rhöndorf (1962)

Dr. Anto Bertgen, Vorsitzender der Vorstände der Provinzial Versicherungsanstalten der Rheinprovinz, Düsseldorf (1965)

Konsul Karl Haus, Bankier, Ehrenbürger der Universität zu Köln, Köln (1965)

Georg Finke, Vorsitzender der Vorstände der Gothaer Versicherungen, Köln (1965)

Hans Knoll, Mitglied des Vorstands der Kölnischen Hagel-Versicherungs-Gesellschaft, Köln (1965)

Hans Spröde, Vorsitzender der Vorstände der Gothaer Versicherungen, Köln (1970)

Hugo Weger, Vorsitzender der Vorstände der Nordstern Versicherungen, Köln (1970)

Prof. Dr. Ing. Helmut Kracke, Mitglied des Vorstands der Gerling-Konzern Lebensversicherungs-Aktiengesellschaft, Honorarprofessor der Universität zu Köln, Köln (1977)

Dr. Herbert Bruns, Vorsitzender der Vorstände der Nordstern Versicherungen, Köln (1985)

Prof. A. Wilhelm Klein, Vorsitzender der Vorstände der Gothaer Versicherungen, Köln (1990)

Korrespondierende Mitglieder

Prof. Dr. Antigono Donati, Rom (1965)

Prof. Dr. Dr. h. c. Max Gürtler, Basel (1965)

Dr. Max Leimdörfer, Wien (1965)

Prof. Dr. Roichi Obayashi, Tokio (1965)

Prof. Dr. Werner Weber, Göttingen (1965)

Prof. Dr. Akira Ishihara, Tokio (1984)

3. Direktoren des Instituts für Versicherungswissenschaft 1940 bis 1990

Abteilung Versicherungswirtschaft und geschäftsführend

Prof. Dr. Dr. Walter Rohrbeck 1940-1945

Prof. Dr. Dr. h. c. Karl Hax	1945-1948
Prof. Dr. Dr. Walter Rohrbeck	1948-1956
Prof. Dr. Paul Braeß	1957-1972
Prof. Dr. Dieter Farny	seit 1972

Abteilung Versicherungsrecht

Prof. Dr. Erich Roehrbein	1940-1961
Prof. Dr. Ernst Klingmüller	1961-1983
Prof. Dr. Ulrich Hübner	seit 1983

Abteilung Versicherungsmathematik

Prof. Dr. Albert Noack	1950-1956
Prof. Dr. Johannes Pfanzagl	seit 1964

4. Dozenten, Honorarprofessoren und Lehrbeauftragte im Institut für Versicherungswissenschaft 1965 bis 1990

Prof. Dr. Helmut Kracke, Versicherungsmathematik	1956-1970
Prof. Dr. Willy Minz, Treuhand- und Revisionswesen auf dem Gebiet der Versicherung	1961-1972
Prof. Dr. Kurt Jantz, Sozialversicherung	1962-1981
Prof. Dr. Georg Heubeck, Versicherungsmathematik	1971-1983
Dr. Ewald Barten, Datenverarbeitung in Versicherungsunternehmen	1973-1975
Prof. Dr. Günter Minz, Prüfung von Versicherungsunternehmen	seit 1973
Privatdozent Dr. Christian Hipp, Versicherungsmathematik	1982-1987
Dieter Schewe, Sozialversicherung	seit 1982

Prof. Dr. Axel Reich, Mathematik	seit 1982
Dr. Klaus Heubeck, Versicherungsmathematik	seit 1983
Dr. Peter Schütze, Informationsverarbeitung in der Versicherungswirtschaft	seit 1987
Prof. Dr. Jürgen Weyer, Einzelfragen der Versicherungsmathematik	seit 1987

5. Wissenschaftliche Mitarbeiter im Institut für Versicherungswissenschaft 1965 bis 1990

Abteilung Versicherungswirtschaft

Dipl.-Kfm. Dr. Walter Jakobi	1963-1966
Dipl.-Kfm. Dr. Walter Karten	1964-1969
Dipl.-Kfm. Johannes Oos	1964-1966
Dipl.-Kfm. Dr. Helmut Aufenanger	1965-1967
Dipl.-Kfm. Dr. Johannes Wälder	1965-1967
Dipl.-Kfm. Dr. Hans-Joachim Welzel	1967-1971
Dipl.-Kfm. Dr. Eberhard Utecht	1968-1972
Dipl.-Kfm. Eberhard Piepenbring	1968-1969
Dipl.-Volksw. Manfred Lipperheide	1970-1974
Dipl.-Kfm. Dr. Rolf Hitzig	1972-1975
Dipl.-Volksw. Dr. Lothar Stöckbauer	1972-1976
Dipl.-Kfm. Dr. Heinrich Brands	1974-1977
Dipl.-Kfm. Dr. Volker Wolff	1975-1978
Dipl.-Kfm. Dr. Rolf-Peter Illigen	1976-1980
Dipl.-Kfm. Dr. Wolfgang Weiler	1976-1980
Dipl.-Kfm. Dr. Frank Reuter	1978-1981
Dipl.-Kfm. Dr. Heinrich Fischer	1979-1982

Dipl.-Math. Dr. Achim Hertel	1980-1981
Dipl.-Math. Dr. Peter Ackermann	1980-1984
Dipl.-Kfm. Dr. Rolf Ulrich	1981-1986
Dipl.-Kfm. Dr. Norbert A. Vogel	1983-1986
Dipl.-Kfm. Dr. Hans-Peter Mehring	1984-1987
Dipl.-Kfm. Christoph Sönnichsen	seit 1986
Dipl.-Kfm. Michael Thiemermann	seit 1987
Dipl.-Kfm. Rolf Arnold	seit 1987
Dipl.-Kfm. Fred Wagner	seit 1988
Dipl.-Kfm. Michael Mertens	seit 1990
Dipl.-Kfm. Reiner Will	seit 1990

Abteilung Versicherungsrecht

Dipl.-Volksw. Ernst Brinker	1966-1968
Dr. Helmut André	1968-1971
Uwe Steckert	1969-1970
Dr. Gerhard Wegener	1970-1972
Dr. Jörg-Ulrich Müller	1971-1972
Dr. Werner Dornwald	1972-1974
Dr. Karl-Heinz Strohe	1973-1976
Dr. Ulrich Heidel	1974-1976
Ulrich F. A. Wäldner	1976-1981
Jupp Hamacher	1976-1979
Dr. Gudrun Fuchs	1979-1981
Dr. Franz Eugen Volz	1981-1982
Dr. Heiner Feldhaus	1981-1983
Dr. Jürgen Sieger	1982-1983
Dr. Hans-Christoph Dölle	1983-1984

Dr. Ralf Tönnies	1984-1985
Dr. Oswald van de Loo	1985-1986
Roland Bernards	1985-1986
Dr. Melanie Meyer-George	1986-1988
Dr. Winfried Schnepp	1986-1989
Dr. Andrea Nowak-Over	1988-1989
Dr. Michael Beckmann	1988-1989
Christian Kirsch	seit 1988
Dr. Ralf Neuhaus	1988-1989
Dr. Annemarie Matusche	1989
Dr. Jörn Klöckener	seit 1989
Tobias Lenz	1989
Rüdiger Thiele	seit 1989
Volker Hahn	seit 1989
Thomas Klein	seit 1990

6. Leitung der Bibliothek des Instituts für Versicherungswissenschaft 1965 bis 1990

Dipl.-Bibl. Gisela Tammer	1965-1966
Dipl.-Bibl. Gisela Bombis	1966-1970
Dipl.-Bibl. Maria Odendahl	seit 1969

Abteilung Versicherungsrecht

Dipl.-Bibl. Brigitte Knoll	1968-1985
Dipl.-Bibl. Barbara John-Wolff	seit 1985

7. Sekretariat des Instituts für Versicherungswissenschaft 1965 bis 1990

Helga Ollmetzer	1959-1986
Dipl.-Übers. Birgit Köhler	seit 1986

8. Vorträge im Institut für Versicherungswissenschaft 1965 bis 1990

1965

Prof. Dr. M. Gürtler
Probleme der Rechnungslegung der Versicherungsbetriebe

Prof. Dr. F. Werner
Das Verhältnis von Staat und Privatversicherung im Spiegel der verwaltungsgerichtlichen Rechtsprechung

Prof. Dr. W. Weber
Die Versicherungsaufsicht in der wissenschaftlichen Analyse und Kritik

1966

Dr. P. Murkutas
Der Schutz des Verkehrsopfers nach griechischem Recht

Dr. W. Karten
Grundsätzliche Bemerkungen zur neuen Schwankungsrückstellung

Dr. h. c. H. Ammeter
Die Wahrscheinlichkeitstheorie als wissenschaftliche Grundlage des Versicherungswesens

---

* Gemeinsame Veranstaltung mit der Gesellschaft für Versicherungswissenschaft und -gestaltung e.V.

** Kölner Versicherungsmathematisches Kolloquium.

1967

Arbeitsgemeinschaft über „Versicherung in der EWG" mit Vorträgen von M. Herzog, Dr. T. Wymer, Prof. Dr. R. Schmidt, Dr. Dr. E. Kiehnscherf, Dr. H.-J. Schwepcke

Ass. E. Meyer

Die allgemeinen Marktprobleme der Versicherungswirtschaft

1968

Dr. Dr. E. Heißmann

Die betriebliche Altersversorgung im System der sozialen Sicherung

1969

Arbeitsgemeinschaft über „Elektronische Datenverarbeitung in der Versicherungswirtschaft" mit Vorträgen von Prof. Dr. E. Grochla, Dipl.-Kfm. F. Geimer, Prof. Dr. H. L. Müller-Lutz, E. Ehrig, Dr. H. K. Mintrop, Dipl.-Kfm. B. Jäger

Dr. E. Günther

Die Einordnung der Versicherungswirtschaft in das Gesetz gegen Wettbewerbsbeschränkungen

1970

Dr. W. Brugger

Aktuelle Probleme der Kraftverkehrsversicherung

Dr. G. Heubeck

Neue Entwicklungen auf dem Gebiet der Versicherungsmathematik

Prof. Dr. Dr. h. c. K. Hax

Unternehmensgröße und Konzentration in der Versicherungswirtschaft

1971

Prof. Dr. E. Gaber

Aktuelle Reformen in der deutschen Rentenversicherung

Prof. Dr. D. Farny
Die künftige Organisation von Versicherungsunternehmen im Innen- und Außendienst

1972

Dipl. rer. pol. E. W. David
Neuere Erkenntnisse über Public Relations in der Versicherungswirtschaft

1973

Dr. W. Seuß
Aktuelle Fragen der Rentenreform von 1972

Prof. Dr. K. Borch
Fragen der internatioalen Versicherungsaufsicht

Dr. J. Sasse
Gewinnverwendung bei Versicherungsvereinen auf Gegenseitigkeit

1974

Dr. W. Rieger
Wettbewerb in den Versicherungszweigen

1975

Dr. R. H.-J. Schwepcke
Aktuelles aus der Kraftverkehrsversicherung

1976

Prof. Dr. W. Karten
Der Wert der Information für Entscheidungen im Versicherungsunternehmen

1977

Dr. P. Frey
Das Risiko bei Rückversicherungsentscheidungen

Prof. Dr. B. Großfeld
Internationale Unternehmenstätigkeit und nationales Rechtssystem

1978

Prof. Dr. R. Schmidt
Rechtliche und betriebswirtschaftliche Zugänge zu Sachverhalten in der Versicherungswirtschaft

Min. Dir. D. Schewe
Die Politik der Risikobegrenzung in der gesetzlichen Rentenversicherung

1979

Dr. W. Henning
Die deutschen Lebensversicherer auf dem Weg in den Gemeinsamen Markt

1980

Dipl.-Kfm. G. Koch
Zur Methodik der Analyse von Angebot und Nachfrage im Gesundheitswesen der Schweiz *

N. Noetzel und Prof. Dr. A. Jochheim
Gleitender Ruhestand *

Podiumsdiskussion über „Die Gestaltung der Prämien in der Kraftfahrtversicherung" mit Prof. Dr. E. Helten, H. Sievers, F. H. Depenbrock

1981

Dr. F. Watermann
Die Sozialversicherung im Spannungsfeld zwischen Kausalität und Finalität *

Prof. Dr. U. Hübner
Schwerpunkte einer Koordinierung des Versicherungsvertragsrechts in der Europäischen Gemeinschaft

Prof. Dr. P. Steinlin
Freiheit und Bindung in staatlicher und privater Vorsorge *

1982

Prof. Dr. K. Jantz

Die Soziale Sicherheit im wirtschaftlichen und politischen Wandel

Dr. W. Philipp

Rentenversicherung nach Konkursgrundsätzen? *

Dipl.-Math. M. Helbig

Die Möglichkeiten der Versicherungsmathematiker in der Versicherungswirtschaft

Dr. A. Angerer

Dienstleistungen zwischen verbundenen (Versicherungs-)Unternehmen

Dr. S. Thiemann

Ärztliche Freiberuflichkeit im Spannungsfeld sozialversicherungsrechtlicher Regelungen *

Dr. K. Heubeck

Herleitung von neuen biometrischen Rechnungsgrundlagen für die betriebliche Altersversorgung

1983

Dr. H. Storck

Überlegungen zur Konstruktion natürlicher Gewinnbeteiligungssysteme

Dr. L. Andriessen

Erfahrungen mit der Versicherung der Pflegekosten in den Niederlanden *

Prof. Dr. E. Klingmüller

Vom didaktischen Wert des Versicherungsrechts — Erfahrungen und Gedanken nach zwanzigjähriger Lehrtätigkeit

Prof. Dr. U. Hübner

Schwerpunkte versicherungsrechtlicher Forschung im ausgehenden 20. Jahrhundert

Dipl.-Math. H.-G. Timmer

Die Beitragsrückerstattung in der privaten Krankenversicherung

1984

U. Fink
Erfahrungen mit der Verbesserung der ambulanten Altenpflegeleistungen *

Prof. Dr. W. Kartte
Perspektiven des Wettbewerbs in der Versicherungswirtschaft

Dr. R. Kolb
Das Versicherungsprinzip in der gesetzlichen Rentenversicherung *

1985

Dr. E. Fiedler; Dr. B. Tiemann
Probleme steigender Ärztezahlen aus der Sicht der Ärzteschaft *

Podiumsdiskussion über „Vertriebsverfahren für Versicherungen" mit M. Engl, Dr. W. Henning, Dr. J. Zech

Prof. Dr. H. Bühlmann
Prämienberechnung **

Dipl.-Math. K. Bohn
Die Pflegefallversicherung in der privaten Krankenversicherung **

Prof. Dr. A. Reich
Prämienprinzipien **

Prof. Dr. E. Neuburger
Zu den Prognoseverfahren der Personenversicherungsmathematik **

Prof. Dr. M. Feilmeier
Datenbankorientierte flexible Lebensversicherungstechnik **

Privatdozent Dr. C. Hipp
Beurteilung des Risikos im Versicherungsbestand **

Prof. Dr. W. R. Heilmann
Zur Relevanz von Prämienkalkulationsprinzipien **

1986

Dr. S. Kirchberger
Technischer Fortschritt in der Medizin *

Privatdozent Dr. P. Albrecht
Was ist Versicherung?

Prof. Dr. W. Schmähl
Alternativen der Rentenfinanzierung *

Prof. Dr. E. Helten
Anpassung der Versicherungsstatistiken an die Entwicklung der Risikotheorie**

Dr. K. Flemming
Mathematische Verfahren zur Schätzung von Schadensreserven **

A. Herde
Gedanken zu den Rechnungsgrundlagen bei Lebensversicherungen **

Prof. Dr. P. Thullen
Finanzierungsverfahren partieller Kapitalisation in der Rentenversicherung unter dynamischen Bedingungen **

Dr. A. Gisler
Kredibilitätsschätzer mit optimalem Stutzen der Daten **

Dr. K. Heubeck
Spielräume für die Kapitalbildung in der zweiten und dritten Säule **

Dipl.-Math. M. Helbig
Zur Deckungsbeitragsrechnung in der Lebensversicherung **

1987

Prof. Dr. G. von Fürstenberg
Uncertainty in Macroeconomics (11. Annual Lecture der Genfer Vereinigung)

Prof. Dr. W. Schwartz
Chancen und Kostenfragen einer verstärkten Prävention in der Krankenversicherung*

Prof. Dr. W. Ebke
Einlegerversicherung und Bankenhaftung: Überlegungen zur gegenwärtigen Reformdiskussion in den USA

Prof. Dr. H. U. Gerber
Ökonomische Modelle in der Risikotheorie **

Prof. Dr. J. Lemaire
The New Belgian Motor Third Party Tariff Structure **

Dipl.-Math. H. Engbrocks
Finanzierungseffekte der betrieblichen Altersversorgung **

Dr. S. Kuon
Risikotheoretische Analysen von Risikostatistiken in der Rückversicherung **

Dipl.-Math. G. Drude
Anwendungen der kollektiven Risikotheorie in der Lebensversicherung **

Prof. Dr. J. Weyer
Ein Prognosemodell zur epidemischen Dynamik von AIDS **

1988

Dr. A. Reimann
Teilrente zur Unterstützung von gleitenden Übergängen in den Ruhestand *

Privatdozent Dr. B. Kaluza
Empirische Analyse strategischer Erfolgsfaktoren von Versicherungsunternehmen

Privatdozent Dr. R. Rhiel
Prognose- und Risikountersuchungen in der Personenversicherung **

H.-W. Müller
Zur langfristigen Finanzierung der gesetzlichen Rentenversicherung unter demographischen und ökonomischen Aspekten **

Prof. Dr. K. Dietz
Mathematische Modelle zur Ausbreitungsdynamik von AIDS **

Dr. H. Bauermeister
Rückkaufswerte in der Krankenversicherung **

Prof. Dr. H. Föllmer
Zur mathematischen Bewertung von Optionen **

1989

Dr. U. Roppel

Kapitalbildung versus Umlagefinanzierung — Der Einfluß der gesetzlichen Rentenversicherung auf die private Ersparnisbildung *

Podiumsdiskussion über „EG-Binnenmarkt 1992“ mit Dr. B. Michaels, Prof. Dr. U. Hübner, Prof. Dr. D. Farny

Dipl.-Volksw. E. Eckermann

Erweiterung des Umwelthaftungsrechts *

Dr. A. Holzwarth

Lebensversicherung und AIDS **

Prof. Dr. D. Sondermann

Anwendungen der Stochastik auf Finanz- und Versicherungsmärkte **

Prof. Dr. M. Feilmeier

Wissensbasierte Systeme in der Lebensversicherung **

Prof. Dr. C. Hipp

Statistische Verfahren für die Versicherungsmathematik **

Dr. N. Bühlmann

Absicherung von Risiken in Finanzmärkten **

Dr. M. Balleer

Deckungsbeitrag und Finanzierbarkeit **

1990

Dr. Th. Mack

Tarifkalkulation und Spätschadenreservierung — ein unerwarteter formaler Zusammenhang **

Prof. A. Wilkie

AIDS und Versicherung in Großbritannien **

Dr. G. Rupprecht

Neue biometrische Grundlagen für die Berufsunfähigkeitsversicherung **

Prof. Dr. E. Helten

Grundlagen von Produktvergleichen in der Versicherungswirtschaft **

Dipl.-Math. H. Engbroks

Die Vorausfinanzierung der betrieblichen Altersversorgung — betriebswirtschaftliche Interpretation der versicherungsmathematischen Zusammenhänge und Konsequenzen **

9. Veröffentlichungen aus dem Institut für Versicherungswissenschaft 1965 bis 1990

a) Schriftenreihe des Instituts für Versicherungswissenschaft an der Universität zu Köln

Begründet von Prof. Dr. jur. Dr. phil. W. Rohrbeck, fortgeführt von Prof. Dr. sc. pol. P. Braeß, herausgegeben von Prof. Dr. rer. pol. D. Farny im Verlag Duncker & Humblot, Berlin.

Neue Folge

20 Karten, Walter: Grundlagen eines risikogerechten Schwankungsfonds für Versicherungsunternehmen, 1966

21 Braeß, Paul (Hrsg.): 25 Jahre Institut für Versicherungswissenschaft an der Universität zu Köln, 1966

22 Hippe, Werner: Das Problem der Bestandsrentenanpassung in den Rentenversicherungen der Arbeiter und Angestellten, 1966

23 Vesper, Ernst: Sterbekassen in alter und neuer Zeit, 1966

24 Schmidt, Günter: Der optimale Versicherungsbestand, 1968

25 Jakobi, Walter: Angebot und Nachfrage in der Seeversicherung, 1969

26 Aufenanger, Helmut: Die Rechnungslegung der Schadenversicherungsunternehmen gegenüber den Versicherungsaufsichtsbehörden in den Vereinigten Staaten von Amerika, 1970

27 Wälder, Johannes: Über das Wesen der Versicherung, 1971

28 Finke, Gerd: Bedeutung, Aufstellung und Aussage des Konzernabschlusses der Versicherungsaktiengesellschaft, 1971

29 Welzel, Hans-Joachim: Der Jahresabschluß von Versicherungsunternehmen in Frankreich, 1972

30 Luttmer, Gerhard: Die Neuwertversicherung von Wohn-, Geschäfts- und landwirtschaftlichen Gebäuden, 1972

31 Utecht, Eberhard: Die Nachfrage nach Lebensversicherungsschutz, 1973

32 Scherff, Jürgen: Methodische und systemtechnische Aspekte einer kundenbezogenen Datenbankorganisation in Versicherungsunternehmen, 1977

33 Hitzig, Rolf: Formen und Wirkungen des risikopolitischen Instrumentes der Selbstversicherung, 1977

34 Stöckbauer, Lothar: Versicherung und Wirtschaftsordnung, 1978

35 Wolff, Volker: Marktbearbeitungsstrategien des Versicherungsunternehmens, 1979

36 Brands, Heinrich: Periodische Schadenschwankungen und ihre Berücksichtigung im Jahresabschluß von Versicherungsunternehmen, 1979

37 Illigen, Rolf-Peter: Grundlagen der Entwicklung organisatorischer Regelungen in der Versicherungsunternehmung, 1980

38 Arnhofer, Hermann: Grundlagen einer betriebswirtschaftlichen Theorie versicherergebundener Versicherungsvermittlungsbetriebe, 1982

39 Reuter, Frank: Grundzüge der Internationalen Unternehmenspolitik des Versicherungsunternehmens, 1983

40 Ackermann, Peter: Die Rückgewährquote der Lebensversicherungsunternehmen, 1985

41 Ulrich, Rolf: Informationsmanagement im Versicherungsunternehmen, 1987

42 Kazmierczak, Ronald: Personalwirtschaft im Versicherungsunternehmen, 1987

43 Blaesius, Stefan: Die Bewertung von Lebensversicherungsverträgen aus der Sicht der Nachfrager, 1988

44 Mehring, Hans-Peter: Substanzerhaltung im Versicherungsunternehmen, 1989

b) Mitteilungen aus dem Institut für Versicherungswissenschaft an der Universität zu Köln

Das Institut gibt seit 1980 in unregelmäßiger Folge „Mitteilungen“ an die Mitglieder des Förderervereins heraus. Die „Mitteilungen“ dokumentieren vor allem die Ergebnisse empirischer Untersuchungen über Versicherungsmärkte und die Jahresabschlüsse der Versicherer. In den Jahren 1980 bis 1990 sind insgesamt 35 Ausgaben erschienen.

c) Weitere ausgewählte Veröffentlichungen 1965 bis 1990

Abteilung Versicherungswirtschaft

Braeß, Paul: Finanzplanung in Versicherungsunternehmen, in: ZVersWiss, 1965, S. 19-49

Braeß, Paul: Betriebswirtschaftliche Gedanken zur Risikotheorie und Schwankungsrückstellung, Berlin 1965

Farny, Dieter: Produktions- und Kostentheorie der Versicherung, Karlsruhe 1965

Schmidt, Günter: Schadenminderung in der Feuer-Betriebsunterbrechungs-Versicherung, Berlin 1965

Braeß, Paul: Zum Problem des Belastungsausgleichs in der gesetzlichen Rentenversicherung, in: Deutsche Versicherungszeitschrift, 1966, S. 274-279.

Braeß, Paul: Der Einfluß von Preissteigerungen auf die Prämienkalkulation der Sachversicherung, in: ZfV, 1967, S. 5-7

Steffen, Klaus-Joachim: Preisbestimmende Faktoren und Preisbildung von Versicherungsaktien an der Börse, Berlin 1967

Braeß, Paul: Wirtschaftliche Aspekte der Niederlassungs- und Dienstleistungsfreiheit im Bereich der Versicherung, in: VW, 1968, S. 270-274

Braeß, Paul: Über die Wettbewerbskonzeption der Versicherungswirtschaft, in: VRundschau, 1968, S. 29-37

Braeß, Paul: Alterssicherung im Spannungsfeld zwischen Sozial- und Individualversicherung, in: Deutsche Versicherungszeitschrift, 1968, S. 10-16

Piepenbring, Eberhard: Vorsteuerabzug und Option der Versicherung nach dem neuen Umsatzsteuergesetz, in: ZfV, 1968, S. 181-183, 216-228

Welzel, Hans-Joachim: Der Einfluß der Mehrwertsteuer auf die Schaden- und Prämienberechnung, in: ZfV, 1968, S. 249-254

Wirtschaft und Recht der Versicherung, Paul Braeß zum 66. Geburtstag, hrsg. von Dieter Farny, Karlsruhe 1969

Braeß, Paul: Zukunftsaussichten der Versicherung als Dienstleistungsgewerbe, Wiesbaden 1970

Braeß, Paul: Elemente einer dynamischen Versicherungskonzeption aus wirtschaftswissenschaftlicher Sicht, in: ZVersWiss, 1970, S. 1-15

Braeß, Paul: Artikel Feuerversicherung; Versicherung und Währung; Versicherung und Finanz- und Steuerpolitik; Versicherung und allgemeine Wirtschaftspolitik, in: Versicherungswirtschaftliches Studienwerk, Wiesbaden 1969/70

Braeß, Paul: Einfluß von Geldwertveränderungen auf langfristige Sparvorgänge, in: Grundprobleme des Versicherungsrechts, Festgabe für Hans Möller, Karlsruhe 1972, S. 101-110

Braeß, Paul: Modellbetrachtungen zur Schadenexzedenten-Rückversicherung in der Kraftverkehrs-Haftpflichtversicherung, in: Praxis und Theorie der Versicherungsbetriebslehre, Festschrift für H. L. Müller-Lutz, Karlsruhe 1972, S. 1-11

Braeß, Paul; Farny, Dieter: Die Gestaltung des Wettbewerbs auf dem Kraftverkehrsversicherungsmarkt, in: ZVersWiss, 1972, S. 137-217

Farny, Dieter: Betriebswirtschaftliche Anmerkungen zum Versicherungswert, in: Grundprobleme des Versicherungsrechts, Festgabe für Hans Möller, Karlsruhe 1972, S. 201-208

Farny, Dieter: Die externe Analyse des cash flow von Versicherungsunternehmen, in: Praxis und Theorie der Versicherungsbetriebslehre, Festschrift für H. L. Müller-Lutz, Karlsruhe 1972, S. 71-94

Kaluza, Bernd: Spieltheoretische Modelle und ihre Anwendungsmöglichkeiten im Versicherungswesen, Berlin 1972

Farny, Dieter: Zur Frage autonomer sicherheitspolitischer Entscheidungen der Wirtschaftsteilnehmer in der sozialen Marktwirtschaft der Bundesrepublik Deutschland, in: ZVersWiss, 1973, S. 101-118

Lipperheide, Manfred: Geldentwertung und Prämienpolitik der Versicherungsunternehmen, in: ZVersWiss, 1973, S. 155-176

Farny, Dieter: Das wissenschaftliche Werk von Paul Braeß, in: ZVersWiss, 1974, S. 65-75

Farny, Dieter: Zielkonflikte in Entscheidungsinstanzen des Versicherungsunternehmens, in: VW, 1974, S. 1238-1248

Farny, Dieter: Versicherungsbilanzen, Frankfurt 1975

Farny, Dieter: Die Lebensversicherung als Investition für die Familienversorgung, in: VW, 1975, S. 824-834

Farny, Dieter: AVB unter dem Gesichtspunkt der „Produktgestaltung“, in: ZVersWiss, 1975, S. 169-184

Farny, Dieter: Der Ausweis der außerordentlichen Erfolgsfaktoren im Jahresabschluß der Versicherungsunternehmen, in: Festschrift für Reimer Schmidt, Karlsruhe 1976, S. 535-552

Farny, Dieter: Abschnitte Einführung in das Rechnungswesen; Interne Periodenrechnung; Jahresabschluß; in: Versicherungswirtschaftliches Studienwerk, 2. Aufl., Wiesbaden 1976

Illigen, Rolf-Peter: Zur organisatorischen Gestaltung von Teilsystemen der Versicherungsunternehmen am Beispiel der Erstbearbeitung in der Kompositversicherung, in: ZVersWiss, 1976, S. 483-547

Farny, Dieter: Die Betriebskosten der Versicherungsunternehmen, in: VW, 1977, S. 166-176, und in: Schweizerische Versicherungszeitschrift, 1977, S. 321-335, 353-368

Farny, Dieter: Die Entwicklung der Versicherung auf Gegenseitigkeit von der Spezial- zur Generalversicherung, in: Gegenseitigkeit, 1977, S. 78-98

Farny, Dieter: Grundlagen der Periodenrechnung von Versicherungsunternehmen, Wiesbaden 1977

Farny, Dieter: Sozialversicherung, in: Handwörterbuch der Wirtschaftswissenschaft, 7. Band, Stuttgart u. a. 1977, S. 160-169

Farny, Dieter: Meinungsspiegel zum Thema Risk Management, in: BFuP, 1978, S. 324-340

Dassow, Gerhard: Grundlagen der liquiditätsorientierten Finanzplanung im Versicherungsunternehmen, Frankfurt u. a. 1979

Farny, Dieter: Die Versicherungswirtschaft im Wettbewerbskonzept der Marktwirtschaft, in: ZVersWiss, 1979, S. 31-74

Farny, Dieter: Produktion in Versicherungsbetrieben, in: HWProd, Stuttgart 1979, Sp. 2138-2145

Krauth, Wilfried: Absatzstrategien im Versicherungsunternehmen, in: ZVersWiss, 1979, S. 497-548

Wittmer, Norbert: Grundlagen der betrieblichen Planung im Versicherungsunternehmen, Frankfurt u. a. 1979

Farny, Dieter: Entwicklungslinien, Stand und wirtschaftliche Bedeutung des Versicherungswesens in Deutschland, in: VW, 1980, S. 942-954

Farny, Dieter: Organisation der Versicherungsbetriebe, in: HWO, 2. Aufl., Stuttgart 1980, Sp. 2326-2334

Farny, Dieter: Das Betriebsunterbrechungsrisiko und seine Versicherung, in: BFuP, 1980, S. 401-414

Ackermann, Peter; Hertel, Achim: Extrapolation der deutschen Sterbetafeln nach Ansätzen von Leutwiler und Wilkie, in: BDGVM, (XV) 1981, S. 115-131

Farny, Dieter: Privatversicherung, in: Handwörterbuch der Wirtschaftswissenschaft, 6. Band, Stuttgart u. a. 1981, S. 233-256

Farny, Dieter: Rechnungswesen der Versicherungsunternehmen, in: HWR, 2. Aufl., Stuttgart 1981, Sp. 1699-1713

Farny, Dieter: Die Versicherungsunternehmer, in: VRundschau, 1981, S. 193-215, und in: Schweizerische Versicherungszeitschrift, 1982, S. 161-172, 193-213

Farny, Dieter: Kosten- und Ergebnisplanung im Versicherungsunternehmen, in: ZVersWiss, 1981, S. 367-394

Hertel, Achim: Über einige offene Fragen und „Ungereimtheiten" der Solvabilitätsvorschriften in der EG-Richtlinie zur Lebensversicherung, in: VW, 1981, S. 436-442

Hohmeier, Rosemarie: Die Auswirkungen einer kundengruppenbezogenen Absatzpolitik auf die gesamte Unternehmenspolitik eines Versicherungsunternehmens, in: ZVersWiss, 1981, S. 175-259

Farny, Dieter: Buchführung und Periodenrechnung im Versicherungsunternehmen, Wiesbaden 1982

Farny, Dieter u. a.: Die deutsche Versicherungswirtschaft — Markt, Wettbewerb, Konzentration, Brüssel 1982 und Karlsruhe 1983/85

Ackermann, Peter: Ein Vorschlag zur Messung der Betriebsgröße von Schaden- und Unfallversicherungsunternehmen, in: ZVersWiss, 1983, S. 87-97

Ackermann, Peter: Überschußbeteiligung auf einen Blick, in: VW, 1983, S. 1344-1348

Farny, Dieter: Nichtversicherungstechnische Erträge und Prämienbedarf in der Schaden- und Unfallversicherung, in: VW, 1983, S. 398-403, 476-485 und in: The Review vom 20.2.1984 und 5.3.1984

Farny, Dieter: Zur Rentabilität langfristiger gemischter Lebensversicherungen, in: ZVersWiss, 1983,S. 363-380

Farny, Dieter: Auslandsaktivitäten deutscher Versicherungsunternehmen, in: VW, 1984, S. 30-44

Farny, Dieter: Solvabilität und Solvabilitätspolitik der Versicherungsunternehmen, in: ZVersWiss, 1984, S. 35-67

Farny, Dieter: Nichtversicherungstechnische Erträge und Prämien in der Schaden- und Unfallversicherung, in: VW, 1984, Beilage zu Nr. 8, S. 1-16

Farny, Dieter: Unternehmenspolitische Grundsatzentscheidungen europäischer Versicherer bis zum Ende unseres Jahrhunderts, in: VW, 1985, S. 26-40; in: Gegenseitigkeit, 1985, S. 157-175; in: L'Assurance Mutuelle, 1985, S. 57-75

Farny, Dieter: Buchführung und Periodenrechnung von Versicherungsunternehmen, 2. Aufl., Wiesbaden 1985

Kirchner, Wilhelm: Aufbau und Ablauf eines Systems der operativen Planungsrechnung für Versicherungsunternehmen, Karlsruhe 1985

Ulrich, Rolf: Bilanzanalyse mit PC und Micro-Its, in: PC-Betriebliche Anwendung und Praxis, Braunschweig, Wiesbaden 1985, S. 331-349

Zietsch, Dietmar: Grundlagen der Gestaltung außenorganisationsbezogener Vertriebssteuerungssysteme in Versicherungsunternehmen, Karlsruhe 1985

Farny, Dieter: Entwicklungen bei den Vertriebsverfahren für Versicherungen, in: Die Betriebswirtschaft, 1986, S. 421-437

Farny, Dieter: Modelle der Plankostenrechnung in Versicherungsunternehmen, in: Planung und Prognose in Dienstleistungsunternehmen, Karlsruhe 1986, S. 163-176

Franz, Bettina: Anwendung der Deckungsbeitragsrechnung bei der Ermittlung von Versicherungsleistungen aus der Feuer-Betriebsunterbrechungs-Versicherung, Hamburg 1986

Thiemermann, Michael: Strategische Vertriebskonzepte in der Versicherungswirtschaft unter besonderer Berücksichtigung des Verbunds von Dienstleistungen der Versicherungsunternehmen und Banken, Hamburg 1986

Ulrich, Rolf: Vertriebsverfahren und Kommunikation, in: ZVersWiss, 1986, S. 391-424

Farny, Dieter: Deregulierungspotentiale in der deutschen Versicherungswirtschaft, in: VP, 1987, S. 105-111

Farny, Dieter: Über Regulierung und Deregulierung von Versicherungsmärkten, in: ZfB, 1987, S. 1001-1023

Farny, Dieter; Kirsch, Werner: Strategische Unternehmenspolitik von Versicherungsunternehmen, in: ZVersWiss, 1987, S. 369-401

Fischer, Heinrich: Plankostenrechnung in Versicherungsunternehmen unter besonderer Berücksichtigung der Grenzplankostenrechnung, Köln 1987

Hinrichs, Heribert: Das strategische Planungsproblem in Versicherungsunternehmen, Bergisch Gladbach, Köln 1987

Maasjost, Bernward: Überschußentstehung und -verwendung bei Versicherungsvereinen auf Gegenseitigkeit, Köln 1987

Quack, Alexander: Kundenkalkulation im Versicherungsunternehmen, Köln 1987

Vogel, Norbert A.: Führungskräfteentwicklung in Versicherungsunternehmen, Karlsruhe 1987

Weber, Karin: Jahresabschlußanalyse schweizerischer und deutscher Rückversicherungsunternehmen, Bergisch Gladbach, Köln 1987

Farny, Dieter: Beiträge Organisation; Produktions- und Kostentheorie der Versicherung; Wirtschaftliche Theorie der Versicherungsaufsicht; Versicherungsbetriebslehre; Versicherungsmarkt; Versicherungswirtschaftslehre, in: Handwörterbuch der Versicherung, Karlsruhe 1988

Farny, Dieter: Structural Changes in Insurance, Singapore 1988

Horbach, Lothar: Der EG-Versicherungsbilanzrichtlinien-Entwurf — Grundlagen der Gestaltung der externen Rechnungslegung von Versicherungsunternehmen, Bergisch Gladbach, Köln 1988

Krause, Jochen: Die Deregulierungsdiskussion — theoretische Grundlagen und Bedeutung für die Versicherungswirtschaft, in: VW, 1988, S. 348-355, 405-409

Farny, Dieter: Versicherungsbetriebslehre, Karlsruhe 1989

Farny, Dieter: Buchführung und Periodenrechnung von Versicherungsunternehmen, 3. Aufl., Wiesbaden 1989

Farny, Dieter: (De)Regulierung auf Versicherungsmärkten: Wettbewerb und Kundenwünsche im Versicherungsgeschäft, in: VW, 1989, S. 1470-1488 und in: Diritto e Pratica dell'Assicurazione, 1990, S. 667-694

Schwilling, Werner: Venture Capital als Kapitalanlage von Versicherungsunternehmen, Bergisch Gladbach, Köln 1989

Ellenbürger, Frank: Die versicherungstechnische Erfolgsrechnung, Bergisch Gladbach, Köln 1990

Farny, Dieter: Ein Konkurssicherungsfonds in der Versicherungswirtschaft: Ei des Kolumbus oder Windei?, Karlsruhe 1990

Farny, Dieter: Insurance, in: Handbook of German Business Management, Berlin, Heidelberg 1990, Sp. 1167-1177

Farny, Dieter: Versicherungsbetriebslehre — Wirtschaftliche Theorie des Versicherungsunternehmens und seiner Beziehungen zur Umwelt, in: ZVersWiss, 1990, S. 1-30

Farny, Dieter: Corporate Strategies of European Insurers, in: The Geneva Papers on Risk and Insurance, Issues and Practice, Nr. 57, Oktober 1990, S. 372-389

Riege, Jürgen: Das Versicherungsprodukt, in: ZVersWiss, 1990, S. 403-470

Schlüter, Heinz Günter: Organisation der Vertrags- und Schadenbearbeitung in Kompositversicherungsunternehmen, Bergisch Gladbach, Köln 1990

Abteilung Versicherungsrecht

Klingmüller, Ernst: Der Kausalitätsbegriff in der Rechtsprechung des BSG. Wandlungen und Tendenzen, in: Rechtsschutz im Sozialrecht, Beiträge zum 1. Jahrzehnt der Rechtsprechung des Bundessozialgerichts, Köln 1965, S. 127-144.

Klingmüller, Ernst: Zum urheberrechtlichen Schutz neuer Versicherungsformen, in: Festschrift für Hans Carl Nipperdey zum 70. Geburtstag, München 1965, Bd. 1, S. 471-488.

Klingmüller, Ernst: Haftpflichtversicherung, in: Handwörterbuch der Sozialwissenschaften, Bd. 4, Stuttgart 1965, S. 757-761.

Klingmüller, Ernst: Grundlagen und Methoden der Schadensberechnung — Bemerkungen und Betrachtungen zur neueren Entwicklung, in: VR, 1966, Beiheft Karlsruher Forum 1964, S. 21-28.

Klingmüller, Ernst: Einfluß des Verhaltens des Versicherten auf die vertraglich zugesagte Gefahrtragung, Landesreferat Deutschland, in: Materialien des zweiten Weltkongresses für Versicherungsrecht der Internationalen Vereinigung für Versicherungsrecht (A.I.D.A.), Karlsruhe 1967, S. 75-97.

Klingmüller, Ernst: Die Lebensversicherung und die öffentliche Meinung. Ein Beitrag zur Public-Relations-Arbeit der Verbände, in: VW, 1968, S. 506-509.

Klingmüller, Ernst: Die Vergleichsgebühr (§ 23 BRAGebO) in der Rechtsprechung. Eine Zusammenstellung von Urteilen (in Zusammenarbeit mit Helmut André), in: VR, 1968, S. 857-884.

Klingmüller, Ernst: Das Krankenversicherungsvertragsrecht, in: Balzer / Jäger: Leitfaden der Privaten Krankenversicherung, Loseblattsammlung, Lfg. 19 und 20, Karlsruhe 1968/69, S. 1-22.

Klingmüller, Ernst: Zum Begriff der Versicherung im Steuerrecht, in: VR, 1969, S. 579-582.

Klingmüller, Ernst: Gebührenfragen bei der Regulierung von KFZ-Schäden. Urteile zusammengestellt und bearbeitet, in Zusammenarbeit mit Jörg Ulrich Müller, in: VR, 1971, S. 25-67.

Klingmüller, Ernst: Neue Probleme um die Rückdeckungsversicherung, in: VR, 1971, S. 390-393.

Klingmüller, Ernst: Kundendienst-Verträge und Versicherung, in: Grundprobleme des Versicherungsrechts, Festgabe für Hans Möller zum 65. Geburtstag, Karlsruhe 1972, S. 343-359.

Klingmüller, Ernst: Kritische Betrachtungen der Ausschlüsse und des Verlustes des Versicherungsschutzes in der KfZ-Haftpflichtversicherung, in: Deutsches Autorecht, 1972, S. 296-304.

Klingmüller, Ernst: Zum Problem des gerechten Schadenausgleichs, dargestellt an der privaten Unfallversicherung, in: VR, 1973, S. 385-389.

Klingmüller, Ernst: Die rechtlichen Aspekte des Umweltschutzes, in: VW, 1973, S. 851-858.

Klingmüller, Ernst: Aktuelle Rechtsfragen aus der deutschen Versicherungswirtschaft, in: Schweizerische Versicherungszeitschrift, 1974, S. 100-115.

Klingmüller, Ernst: Grundprobleme der Bauwesenversicherung, in: Schriftenreihe der Deutschen Gesellschaft für Baurecht e.V., Bd. 4, 1974.

Klingmüller, Ernst: Das Quotenvorrecht des Sozialversicherers, in: 13. Deutscher Verkehrsgerichtstag 1975, S. 132-149.

Klingmüller, Ernst: Die Gestaltung von Risikoausschlüssen mit Hilfe subjektiver Momente. Ein Beitrag zur Lehre von den verhüllten Obliegenheiten, in: Festschrift für Reimer Schmidt, 1976, S. 753-769.

Klingmüller, Ernst: Zur Pflicht der Belehrung ausländischer Versicherungsnehmer, Festschrift für Karl Sieg, 1976, S. 275-281.

Klingmüller, Ernst: Umweltschutz und Versicherung, Landesreferat Bundesrepublik Deutschland für den 5. Weltkongreß für Versicherungsrecht, Madrid, 9.-13. Oktober 1978.

Klingmüller, Ernst: Zur Probandenversicherung nach den neuen AMG, in: Festschrift für Fritz Hauß, 1978, S. 169 ff.

Klingmüller, Ernst: Sorgen und Versicherungsprobleme der Dritten Welt, in: Schweizerische Versicherungszeitschrift, 1979, S. 303-308.

Klingmüller, Ernst: Zu den Plänen einer neuartigen Patientenversicherung nach schwedischem Muster in der Bundesrepublik Deutschland, in: VR, 1980, S. 694 ff.

Klingmüller, Ernst: Zur Haftung für verzögerte Antragsbearbeitung, in: Versicherungspraxis, 1981, S. 54-66.

Hübner, Ulrich: Internationales Privatrecht des Versicherungsvertrages und EG-Recht, in: ZVersWiss, 1983, S. 21-40.

Hübner, Ulrich: Les groupes des sociétés en droit allemand. Expériences récentes, in: Die Schweizerische Aktiengesellschaft, 1983, S. 57-64.

Hübner, Ulrich: Die Bestimmung des Ersatzpflichtigen in der Gefährdungshaftung nach dem Kriterium der abstrakten Gefahrbeherrschbarkeit. Zugl. Anmerkungen zum Urteil des BGH vom 8.1.1981 (III ZR 157/79 BGHZ 80, 1 = VersR 81, 458). 25 Jahre Karlsruher Forum. Jubiläumsausgabe, 1983.

Hübner, Ulrich: Das Europäische Recht und die Versicherungswirtschaft, in: Einigkeit und Recht und Freiheit. Festschrift für Karl Carstens, 1984, S. 139-154.

Hübner, Ulrich: Allgemeine Versicherungsbedingungen und AGB-Gesetz, 1984.

Hübner, Ulrich: Haftungs- und versicherungsrechtliche Probleme der Schadenserkennung durch Sachverständige, insbesondere TÜV, in: VR, 1985, S. 701-709.

Hübner, Ulrich: Die Ausgliederung von Unternehmensteilen in aktien- und aufsichtsrechtlicher Sicht, in: Festschrift für Walter Stimpel, 1985, S. 791-809.

Hübner, Ulrich: Strukturunterschiede zwischen Versicherungsverein auf Gegenseitigkeit (VVaG) und Versicherungs-Aktiengesellschaft (AG), Frankfurter Vorträge zum Versicherungswesen, 1986.

Hübner, Ulrich: Zu Ausschluß und Definition des Nutzungsausfalls bei der Lieferklausel (§ 4 II 5 AHB), in: VR, 1986, S. 810-816.

Klingmüller, Ernst: Die Versicherung aus der Sicht des islamischen Rechtes, in: Festschrift für Robert Schwebler, Karlsruhe 1986, S. 309-317.

Klingmüller, Ernst: Wandel im Haftpflichtrecht unserer Zeit — zugleich eine Herausforderung der Versicherung, Landesreferat Bundesrepublik Deutschland, AIDA 1986 in Budapest, Thema I, Bd. I, S. 219 ff.

Hübner, Ulrich: Die Dienstleistungsfreiheit in der Europäischen Gemeinschaft und ihre Grenzen. Zum Urteil des Europäischen Gerichtshofs betreffend die Dienstleistungsfreiheit auf dem Versicherungssektor, in: Juristen-Zeitung, 1987, S. 330-336.

Hübner, Ulrich: Die Reform des Versicherungswesens auf Gegenseitigkeit in Frankreich — ein Denkanstoß für die Versicherungsvereine auf Gegenseitigkeit in Deutschland?, in: VR, 1987, S. 729-734.

Hübner, Ulrich: Rechtliche Rahmenbedingungen des Wettbewerbs in der Versicherungswirtschaft. Eine vergleichende Untersuchung zu den Rechtsordnungen Großbritanniens, Frankreichs, der Schweiz und den Vereinigten Staaten von Amerika, 1988.

Hübner, Ulrich: Rechtsdogmatische und rechtspolitische Fragen einer Haftung für Umweltschäden, in: Zeitschrift für deutsches und internationales Baurecht, 1988, S. 199-203.

Hübner, Ulrich: Die Fortschreibung von Gesellschafts- und Unternehmensrecht durch Wirtschaftsaufsichtsrecht, in: Festschrift der Rechtswissenschaftlichen Fakultät zur 600-Jahr-Feier der Universität zu Köln, 1988, S. 235-250.

Hübner, Ulrich: EWG-Regelung der Versicherung, sonstige Fragen, in: Handwörterbuch der Versicherung, 1988, S. 173-176.

Hübner, Ulrich: Versicherungs-Aktiengesellschaft, in: Handwörterbuch der Versicherung, 1988, S. 965-970.

Hübner, Ulrich: Haftungsprobleme der technischen Kontrolle, in: NJW 1988, S. 441-452.

Hübner, Ulrich: Versicherungsmärkte im Wettbewerb: Die rechtliche Perspektive, Baden-Baden 1989.

Hübner, Ulrich: Die Berufshaftung — ein zumutbares Berufsrisiko?, in: NJW, 1989, S. 5-11.

Hübner, Ulrich: Vertragsbindung und Beitragsanpassungsklauseln, in: Assekuranz im Wandel, Festschrift aus Anlaß des 125jährigen Bestehens der Concordia Versicherungs-Gesellschaft auf Gegenseitigkeit, Hannover 1989, S. 57-70.

Hübner, Ulrich: Versicherer als Anbieter von Finanzdienstleistungen. Neuere Entwicklungen und Rechtsprobleme in der Bundesrepublik Deutschland, in: Die Versicherungsrundschau, 1989, S. 97-110.

Hübner, Ulrich: Differenzierung nach der sozialen Sensibilität in den „Jedermannversicherungszweigen“, in: VR, 1989, S. 989-994.

Hübner, Ulrich: Allgemeine Versicherungsbedingungen und AGB-Gesetz, 3. Aufl., 1989.

Hübner, Ulrich: Zum Stand der Rechtsvereinheitlichung im internationalen Versicherungsvertragsrecht, in: Europäisches Gemeinschaftsrecht und Internationales Privatrecht, 1990, S. 111-130.

Hübner, Ulrich: Europa auf dem Weg zu einem gemeinsamen Versicherungsmarkt. Vorträge, Reden und Berichte aus dem Europa-Institut der Universität des Saarlandes, Nr. 225, 1990.

Hübner, Ulrich: Der gerechte Preis — Preisfreiheit und rechtliche Instrumente der Preiskontrolle, in: Festschrift für Ernst Steindorff, 1990, S. 589-610.

Hübner, Ulrich: Die Versicherung der Haftpflicht im Heilwesen, in: ZVersWiss, 1990, S. 55-79.

Klingmüller, Ernst: Islam et assurance, in: Les capitaux de l'Islam, Paris 1990, S. 153 ff.

Klingmüller, Ernst: Liability Insurance in the Federal Republic of Germany, in: The Geneva Papers on Risk and Insurance, Issues and Practice, Nr. 56, Juli 1990, S. 330-336.

Abteilung Versicherungsmathematik

Reich, Axel: Premium principles and translation invariance, in: Insurance: Mathematics and Economics 3, 1984, S. 57-66.

Reich, Axel: Homogeneous Premium Calculation Principles, in: Astin Bulletin 14, 1984, S. 123-133.

Reich, Axel: Eine Charakterisierung des Standardabweichungsprinzips, in: Blätter der DGVM 17, 1985, S. 93-102.

Reich, Axel and S. Kuon, L. Reimers: Panjer vs Koruya De Pril: A comparison from a practical point of view, in: Astin Bulletin 17, 1987, S. 183-191.

10. Dissertationen aus dem Institut für Versicherungswissenschaft 1965 bis 1990

a) wirtschaftswissenschaftliche

1965

Hippe, Werner: Das Problem der Bestandsrentenanpassung in den Rentenversicherungen der Arbeiter und der Angestellten

Karten, Walter: Grundlagen eines risikogerechten Schwankungsfonds für Versicherungsunternehmen

1966

Decius, Klaus: Prävention und Rehabilitation in der gesetzlichen Kranken- und Arbeiterrentenversicherung

1967

Schmidt, Günter: Der optimale Versicherungsbestand

1968

Aufenanger, Helmut: Die Rechnungslegung der Schadenversicherungsunternehmen gegenüber den Versicherungsaufsichtsbehörden in den Vereinigten Staaten von Amerika

Jakobi, Walter: Angebot und Nachfrage in der Seeversicherung

1969

Höhr, Gerd Dieter: Der Versicherungsbedarf und die Methoden seiner Untersuchung im Rahmen der Marktforschung

Wälder, Johannes: Über das Wesen der Versicherung. Zur Diskussion um den Versicherungsbegriff

1970

Finke, Gerd: Bedeutung, Aufstellung und Aussage des Konzernabschlusses der Versicherungsaktiengesellschaften

Staat, Ludger: Das Eigenkapital von Versicherungsunternehmungen unter besonderer Berücksichtigung der VVaG

Welzel, Hans-Joachim: Der Jahresabschluß von Versicherungsunternehmen in Frankreich. Darstellung und Vergleich zur Regelung in der Bundesrepublik Deutschland

1971

Pokora, Heinz-Jürgen: Das Problem des dynamischen Versicherungsschutzes in der privaten Krankheitskostenversicherung

Utecht, Eberhard: Die Nachfrage nach Lebensversicherungsschutz. Ein Beitrag zur Absatzmarktforschung und -prognose

1972

Luttmer, Gerhard: Die Neuwertversicherung von Wohn-, Geschäfts- und landwirtschaftlichen Gebäuden. Kritische Analyse der konventionellen und der gleitenden Versicherungsform sowie Reformvorschläge

Tscho, Hae Kyun: Zur Problematik der Gestaltung der sozialen Sicherung in Entwicklungsländern — dargestellt am Beispiel Süd-Korea

1974

Tröndle, Bernd: Grundgedanken zu einem systemtheoretischen Strukturkonzept der Versicherungsunternehmung

Jacoby, Reinhard: Probleme der Finanzierung der gesetzlichen Altersrenten in der Bundesrepublik Deutschland (Zweitgutachten)

1975

Weiss, Wieland: Wachstumsziele und -instrumente von Versicherungsunternehmen

1976

Scherer, Günter: Schutz der Gläubiger- und Schuldnerinteressen der Versicherten in der Individualversicherung

Scherff, Jürgen: Methodische und systemtechnische Aspekte einer kundenbezogenen Datenbankorganisation in Versicherungsunternehmungen

1977

Hitzig, Rudolf: Formen und Wirkungen des risikopolitischen Instruments der Selbstversicherung unter besonderer Berücksichtigung der internen Selbstversicherung

1978

Brands, Heinrich: Periodische Schadenschwankungen und ihre Berücksichtigung im Jahresabschluß von Versicherungsunternehmen

Rex, Rolf-D.: Bereitstellung und Führung der Absatzorgane im Außendienst des Versicherungsunternehmens

Schareck, Bernhard: Das Problem der Planung im Versicherungsunternehmen (Zweitgutachten)

Stöckbauer, Lothar: Versicherung und Wirtschaftsordnung

Wolff, Volker: Marktbearbeitungsstrategien des Versicherungsunternehmens

1979

Dassow, Gerhard: Grundlagen der liquiditätsorientierten Finanzplanung in Versicherungsunternehmen

Illigen, Rolf-Peter: Grundlagen der Entwicklung organisatorischer Regelungen in der Versicherungsunternehmung

Wittmer, Norbert: Grundlagen der betrieblichen Planung im Versicherungsunternehmen

1980

Weiler, Wolfgang: Grundprobleme einer Finanzierungstheorie der Versicherungsaktiengesellschaft

1981

Arnhofer, Hermann: Grundlagen einer betriebswirtschaftlichen Theorie versicherergebundener Versicherungsvermittlungsbetriebe

Reuter, Frank: Grundzüge der internationalen Unternehmenspolitik des Versicherungsunternehmens

1982

Rosenbaum, Dieter: Organisation der Kapitalanlageverwaltung in der Versicherungsunternehmung

Schmoeckel, Johannes: Erfolgskontrolle von Auslandsinvestitionen der Versicherungsunternehmen

1983

Hertel, Achim: Die Solvabilität deutscher Lebensversicherungsunternehmen

1984

Ackermann, Peter: Die Rückgewährquote der Lebensversicherungsunternehmen

Kirchner, Wilhelm: Aufbau und Ablauf eines Systems der operativen Planungsrechnung für Versicherungsunternehmen

Maurer, Stefan: Standorte und Motive der Standortwahl von Versicherungsunternehmen in Deutschland bis 1914 (Zweitgutachten)

Zietsch, Dietmar: Grundlagen der Gestaltung außenorganisationsbezogener Vertriebssteuerungssysteme in Versicherungsunternehmen

1986

Gilles, Martina: Die Standortfrage in der Versicherungswirtschaft (Zweitgutachten)

Kazmierczak, Ronald: Personalwirtschaft in privaten Versicherungsunternehmungen

Maasjost, Bernward: Beitragspolitik, Überschußermittlung und -verwendung beim Versicherungsverein auf Gegenseitigkeit

Quack, Alexander: Kundenkalkulation im Versicherungsunternehmen

Ulrich, Rolf: Informationsmanagement im Versicherungsunternehmen

Vogel, Norbert A.: Führungskräfteentwicklung im Versicherungsunternehmen

Weber, Karin: Jahresabschlußanalyse deutscher und schweizerischer Rückversicherungsunternehmen

1987

Etscheid, Jost: Wirtschaftskriminalität im Gesundheitswesen (Zweitgutachten)

Fischer, Heinrich: Plankostenrechnung im Versicherungsunternehmen unter besonderer Berücksichtigung der Grenzplankostenrechnung

Hinrichs, Heribert: Das strategische Planungsproblem im Versicherungsunternehmen

Horbach, Lothar: Der Versicherungsbilanzrichtlinienentwurf. Grundfragen der Gestaltung der externen Rechnungslegung von Versicherungsunternehmen

Mehring, Hans-Peter: Substanzerhaltung von Versicherungsunternehmen

1988

Schwilling, Werner: Venture Capital als Kapitalanlage von Versicherungsunternehmen

1989

Malterer, Karl-Heinz: Entwicklung von strategischen Planungsinstrumenten, dargestellt am Beispiel eines Unternehmens der privaten Krankenversicherung (Zweitgutachten)

Zschocke, Alexander: Zur These von der Subventionierung der freiwilligen Mitglieder in der gesetzlichen Krankenversicherung (Zweitgutachten)

1990

Arnoldussen, Ludger: Finanzwirtschaftliche Effekte von Rückversicherungsverträgen in der Schaden- und Unfallversicherung

Orsinger, Bettina: Auswirkungen des Bilanzrichtlinien-Gesetzes auf die Ermittlung des Versicherungswertes in der Feuer-Betriebsunterbrechungs-Versicherung

Ellenbürger, Frank: Die versicherungstechnische Erfolgsrechnung

Schlüter, Heinz Günter: Organisation der Vertrags- und Schadenbearbeitungim Versicherungsunternehmen

b) rechtswissenschaftliche

1965

Beuse, Kurt: Die aktive Rechnungsabgrenzung von Vertriebskosten in der Steuerbilanz (ein Beispiel zur dynamischen Bilanzauffassung im Bilanzsteuerrecht)

Ebert, Jutta: Die unterschiedliche Behandlung von Witwen und Witwern im Versorgungsrecht

Gruneke, Kurt: Versicherte Gefahr und Anzeigepflicht in der privaten Krankenversicherung

Heinemann, Klaus: Die Action Directe und ihre rechtspolitische Bedeutung

Kilbel, Roland: Die Kausalität in der vertraglichen sowie in der gesetzlichen Unfallversicherung

Nierhaus, Konstantin: Die Haftung und Versicherungsdeckung des Luftfrachtführers in der Bundesrepublik Deutschland unter besonderer Berücksichtigung von Chartermaschinen

Porzelt, Karl: Die Sache und ihre funktionale Bedeutung für den Sachschaden

Schneider, Hans Hellmut: Schadenersatz als steuerbarer Umsatz

Stelkens, Paul: Rechtsgrundlagen der Überschußbeteiligung in der privaten Lebensversicherung

1966

Cartellieri, Ulrich: Rechtliche Probleme bei Strahlenschäden unter besonderer Berücksichtiugng der gesetzlichen Unfallversicherung

Rabich, Eckhart: Vertrauens- und Verschuldenshaftung bei der Vermittlung von Versicherungsverträgen

Sarilar, Ulkü: Der Schutz des Unfallgeschädigten nach dem türkischen Straßenverkehrsgesetz

Tron, Hans-Peter: Der Kraftfahrzeug-Sicherungsschein

1967

André, Helmut: Die geschäftsplanmäßige Erklärung

Aschenberg, Paul: „Gewässerhaftung" — Haftung für Gewässerschäden nach allgemeinem Recht und nach § 22 WHG

Bauer, Horst: Der Vermögensschaden und seine Bedeutung in der allgemeinen Haftpflichtversicherung

Bischof, Herbert: Anspruchskonkurrenz im SVS mit anderen Versicherungsbereichen

Brandt, Jürgen-George: Gefahranzeige in Deutschland und in Frankreich (Binnenanzeige)

Hesse, Ursula: Immissionsverbot und Gewerbebetrieb

Leve, Manfred: Möglichkeiten der Einführung einer europäischen FPA-Versicherungspolice für Seewaren und deren rechtliche Beurteilung, insbesondere nach den Art. 85 und 86 des Vertrages zur Gründung der europäischen Wirtschaftsgemeinschaft

Plath, Jürgen: Beschränkte Schiffseignerhaftung der §§ 3, 4 BSchG im Zuge technischer und rechtlicher Entwicklung

Sanden, Manfred: Die Anrechnung der Leistung aus der Unfallversicherung auf den Schadenersatz aus der Kraftfahrzeughaftpflichtversicherung

Schmitt, Wolfgang: Die Grundlagen des Garantie-Systems der Grünen Internationalen Versicherungskarte für Kraftverkehr — System der Grünen Karte

1968

Forkel, Gerhild: Produzentenhaftung und Konsumentenschutz beim Kauf beweglicher Sachen

Sohlmann, Friederike: Zur Problematik des § 829 BGB

1969

Bergmann, Harras: Verkehrsunfallflucht und Verletzung der Obliegenheiten durch die Versicherungsnehmer. Die Rechtsbeziehung zwischen § 142 StGB und § 7 AKB

Einbeck, Friedrich Karl: Kausalität im Atomrecht

Fischer, Norbert: Versicherungsfähiges Risiko und Versicherungsfall der Rechtsschutzversicherung

Grillo, Wolfgang: Der imaginäre Gewinn in der Seetransportversicherung

Grunow, Adelheid: Zur Deckung vertraglicher Erfüllungs- und Surrogatsansprüche in der allgemeinen Haftpflichtversicherung

Kämmer, Reinhard: Die Stellung des Verkehrsopfers im englischen Haftungs- und Versicherungsrecht

Koep, Albert: Die Haftung des Versicherungsnehmers für das schuldhafte Verhalten Dritter im Rahmen des Versicherungsvertrages

Ruscher, Klaus: Die Besonderheiten der Versicherung für fremde Rechnung

Schachner, Georg: Die verfassungsrechtliche Zulässigkeit der Pflichtaltersversorgung

Schulten, Jürgen: Die Rechtsschutz-Versicherung und der Beratungs-Rechtsschutz

Terhorst, Bruno: Prämienangleichung in der allgemeinen Haftpflichtversicherung (§ 8 II AHB)

Walprecht, Dieter: Die Verkehrssicherungspflicht auf öffentlichen Straßen

Wieden, Roni: Der Versicherungsfall in der Privaten Krankenversicherung

1970

Flugs, Dietrich: Die Reduktion der Haftung des Soldaten gemäß § 24 SoldG und ihr Verhältnis zur Reduktion in anderen Rechtsgebieten

Fuchsius, Hans-Klaus: Das Quotenvorrecht in der Privat-, Beamten- und Sozialversicherung

Ilgen, Hans-Michael: Der Serienschaden in der Allgemeinen Haftpflichtversicherung

Schindler, Dieter: Die Behandlung der Seeuntüchtigkeit in der Seekaskoversicherung

Spaeth, Peter: Der Begriff der höheren Gewalt im deutschen und französischen Recht

Zerlin, Reiner: Der Betriebsbegriff nach § 7 StVG

1971

Engshuber, Hans-Dieter: Die Behandlung der Unfallneurose als Schaden

Herich, Götz: Die Staatsaufsicht über die Sozialversicherungsträger

Hertling, Herbert: Beschlagnahme von Hoher Hand des Kaufgegenstandes im Güterverkehr zu Lande

Hübner, Ulrich: Die Haftung des „Gardien“ für durch Sachen angerichteten Schaden im französischen Zivilrecht — Art. 1384 al. ler C.c. als Beispiel eines allgemeinen Sachhaftungstatbestandes

Hustadt, Herbert: Bereicherungen in der gesetzlichen Unfallversicherung

Langenbach, Hans: Die Nebengefahr im Versicherungsvertragsrecht

Pakulla, Heribert: Grundprobleme der Rechtsschutzversicherung

Rathmann, Martin: Die wechselseitigen Beziehungen zwischen Bundesversorgungsgesetz und Bundessozialhilfegesetz

Schallen, Rolf: Die Stellung der Geschäftsführer von Sozialversicherungsträgern

Winter, Jürgen Christoph: Die deliktsrechlichen Haftungstatbestände im Recht der „Hehe“ — Versuch der Kodifizierung und Entwicklungsanalyse eines ostafrikanischen Gewohnheitsrechtes auf der Grundlage der Urteilsprotokolle (1931-1964) der Native/Local Courts

1972

Kayser-Eichberg, Jobst: Die Rechtsstellung der Beteiligten im Rahmen des § 67 VVG

Kirsch, Christoph: Die vorsätzliche Herbeiführung des Versicherungsfalles in der privaten Unfallversicherung. Beweislast- und Beweiswürdigungsprobleme, dargestellt an der Rechtsprechungspraxis zu § 2 Abs. 1 AVB

Müller, Jörg-Ulrich: Die Aufklärungspflicht des Versicherungsnehmers nach dem Versicherungsfall in der Kraftfahrt-Haftpflicht- und Kaskoversicherung unter besonderer Berücksichtigung der neuesten Rechtsprechung

Pross, Ulrich: Das Rechtsverhältnis zwischen Durchgangsarzt und Berufsgenossenschaft

Schagen, Gert: Die Verhandlungen des Versicherungssuchenden mit dem Versicherungsagenten als Vorverhandlungen zur Begründung des Versicherungsvertrages

Schürmann, Bernward: Die Anwendbarkeit des § 278 BGB im Rahmen von Obliegenheiten und des § 61 VVG

Wallis, Jürgen: Rechtliche Probleme des Selbstbehalts in der Haftpflichtversicherung

Wohlhage, Franz: Das Liquidationsrecht der leitenden Krankenhausärzte bei Selbstzahlern (mit Sonderproblemen des ärztlichen Honorarrechts)

1973

Jansen, Gerlinde: Die Versicherung von Messegut

Kirchner, Ralf: Schmerzensgeld bei Verletzung ärztlicher Aufklärungspflichten. Ausgleich für realen oder idealen Schaden?

Klass, Jürgen: Die Honorarverteilung durch kassenärztliche Vereinigungen

Schneider, Michael: Die Grundlagen einer fondsgebundenen Lebensversicherung in Deutschland — unter besonderer Berücksichtigung der juristischen Aspekte

1974

Jörns, Maria-Beate: Die formwechselnde Umwandlung eines Versicherungsvereins auf Gegenseitigkeit in eine Aktiengesellschaft

Meisters, Herbert: Der selbständige Versicherungsvertreter und der unselbständige Angestellte im Versicherungsaußendienst

Mesmann, Ewald Matthias: Zur Problematik der Obliegenheiten, insbesondere in kranken Haftpflichtverhältnissen

Schäfer, Klaus: Die Übernahme der Haftpflichtversicherung nach § 158 h VVG

1975

Köster, Hubert: Die Haftung des Arztes für das Verschreiben von Medikamenten

1976

Böhm, Klaus E.: Überholende Kausalität im Sozialrecht

Hansen, Wilhelm Mathias: Normativer Schadensbegriff und Schadensberechnung unter besonderer Berücksichtigung der Rechtsprechung zum Gebrauchsentzug bei Kraftfahrzeugen und zur Beeinträchtigung der Urlaubsfreude

Heidel, Ulrich: Die Auswirkungen von Haftungsbeschränkungen auf die Entstehung von Gesamtschuldverhältnissen unter besonderer Berücksichtigung versicherungsrechtlicher Probleme

Möller, Helmut: Der Begriff des Versicherungsfalles in der Schadensversicherung unter besonderer Berücksichtigung der allgemeinen Haftpflichtversicherung

Strohe, Karl-Heinz: Die gebührenrechtliche Problematik des außergerichtlichen Vergleichs gemäß § 799 BGB, dargestellt am Beispiel der Regulierungspraxis von Kfz-Haftpflichtschäden

Wilke, Norbert: Die Grenzen des Risikoausschlusses im Privatversicherungsrecht

1979

Bach, Klaus-Peter: Versicherungsschutz bei stationärer Heilbehandlung im Privatversicherungsrecht

Bühren, Huber W. von: Die Reisegepäckversicherung

1982

Wilbert, Peter: Die Bedeutung der Makler- und Bauträgerverordnung für die Abwicklung von Bauträger- und Baubetreuungsverträgen

1983

Sieger, Jürgen: Die Rechtsstellung des englischen Versicherungsmaklers („insurance brokers")

1984

Feldhaus, Heinrich: Zur Entwicklung der Haftung beim Seetransport gefährlicher Güter

Michels, Ulrich: Die Rechtsnatur von Abfindungserklärungen mit rechtsvergleichender Berücksichtigung der Behandlung der Abfindungserklärung in der Praxis und in der Rechtsordnung anderer europäischer Staaten

1985

Gies, Richard: Die Versicherung von Juwelen, Schmuck und Pelzen im Privatbesitz

Hoechst, Peter: Versicherung des US-Haftpflichtrisikos — Hauptfragen und praktische Vorschläge

Schwepcke, Andreas: Warranties im englischen Versicherungsrecht

Tönnies, Ralf: Staatshaftung für Versicherungsaufsicht. Zugleich ein Beitrag zur Klärung des Begriffs der Drittbezogenheit i. S. d. § 839 BGB

1986

Schmitz, Thomas: Umfang der Freizeichnung des Herstellers bei Versicherungen

1987

Büsken, Rainer: Haftungssystem, Freistellung und Regreß bei Krankenhausträger und angestelltem Arzt

van de Loo, Oswald: Die Angemessenheitskontrolle Allgemeiner Versicherungsbedingungen nach dem AGB-Gesetz — Eine problemorientierte Darstellung aus der Sicht des AGB-Gesetzes

Schilling, Joseph H.: Die Allgemeinen Bestimmungen der Allgemeinen Bedingungen für die Rechtsschutzversicherung (ARB)-Gesetz

1988

Horster, Axel: Der Ersatz von Tumultschäden durch Staat und Versicherung

Vahsen, Lothar: Das formelle Leistungsverweigerungsrecht des Versicherers nach § 12 Abs. 3 VVG

Weber, Christine: Die Haftung für Deponien und deren versicherungsrechtliche Deckung

1989

Klöckener, Jörn: Status und Haftung der selbständigen Versicherungsvertreter in Frankreich und in der Bundesrepublik Deutschland

Meyer-George, Melanie: Die zivilrechtliche Haftung des Heilpraktikers

Neuhaus, Ralf: Die aufsichtsrechtlichen Rahmenbedingungen der Versicherungswirtschaft in Großbritannien — Staatsaufsicht und Selbstregulierung

Oehmke, Ralf Helmut: Gläubigerschutz durch Insolvenzversicherungsfonds in einem deregulierten Versicherungsmarkt

Schnepp, Winfried: Sachversicherung bei Mobilienleasing

Zimmerer, Maximilian: Die Ausgliederung von Betriebsteilen im Versicherungsaufsichtsrecht

1990

Beckmann, Roland-Michael: Die Zulässigkeit von Preis- und Prämienanpassungsklauseln nach dem AGB-Gesetz

Biagosch, Patrick: Europäische Dienstleistungsfreiheit und deutsches Versicherungsvertragsrecht — Der Stand nach der Umsetzung der zweiten Koordinierungsrichtlinie Schaden

Hoeltzenbein, Bettina: Die öffentlich-rechtliche Zulässigkeit geschäftsplanmäßiger Erklärungen als Kontrollinstrument der Versicherungsaufsicht im Vorfeld imperativen Verwaltungshandelns

Lensing, Andrea: Die Ausstellungsversicherung unter besonderer Berücksichtigung des Messewesens

Matusche, Annemarie: Pflichten und Haftung des Versicherungsmaklers

Nowak-Over, Andrea: Auslegung und rechtliche Zulässigkeit von Serienschadenklauseln in der Haftpflicht- und Vermögenschaden-Haftpflichtversicherung

Schröder-Frerkes, Alexander: Konflikte und Konfliktbeilegungsmechanismen, insbesondere Schiedsverfahren im Bereich der Rechtsschutzversicherung in Europa

Stab, Ulrich: Der fingierte Versicherungsfall in der Allgemeinen und der Kfz-Haftpflichtversicherung

11. Ausgewählte wirtschaftswissenschaftliche Diplomarbeiten aus dem Institut für Versicherungswissenschaft 1965 bis 1990

1965

Jacoby, Reinhard: Die Periodenabgrenzung in den Jahresabschlüssen von Versicherungsunternehmen

Staat, Ludger: Der Gründungsstock des Versicherungsvereins auf Gegenseitigkeit

1966

Langmaack, Rainer: Betriebswirtschaftliche Auswirkungen der Kapitalanlagevorschriften

Tscho, Hae-Kyun: Versicherungswesen in Korea, seine Entwicklung, der gegenwärtige Stand und seine Probleme

Kiencke, Jens: Besonderheiten der privaten Gruppen-Krankenversicherung

Neubeck, Dietmar: Kurzfristige Erfolgsrechnung bei Versicherungsunternehmen

1967

Reuffurth, Wolfram: Tarifierungsmerkmale in der Kraftverkehrsversicherung im internationalen Vergleich

Spröde, Werner: Der Versicherungspool

Sahner, Gerd: Der Unternehmergewinn in der Lebensversicherung

1968

Luttmer, Gerhard: Bedarf und Schadenvergütung in der Feuerversicherung von Maschinen. Eine Analyse der Bewertungsbestimmungen aus betriebswirtschaftlicher und versicherungstechnischer Sicht

Pokora, Heinz-Jürgen: Die Selbstbeteiligung. Ein Zentralproblem der Tarifgestaltung in der privaten Krankheitskostenversicherung

Sasse, Klaus-Peter: Fördert die EWG die Konzentration in der Versicherungswirtschaft?

Schiffmann, Hans-Peter: Zentralisation und Dezentralisation als Organisationsformen von Versicherungsunternehmen

Silbermann, Ursula: Die Stellung der Frau in der gesetzlichen Rentenversicherung der Arbeiter und Angestellten

Lipperheide, Manfred: Die Individualversicherung im Rahmen der volkswirtschaftlichen Gesamtrechnung. Versuch einer Darstellung und Interpretation

Schaefer, Axel: Wechselwirkungsschäden und Rückwirkungsschäden in der Feuer-Betriebsunterbrechungs-Versicherung

Stollenwerk, Heinz-Hermann: Die Leistungen der Individualversicherung als stabilisierender Faktor im volkswirtschaftlichen Kreislauf

1969

Büsch, Klaus: Die Auswirkungen der Geldentwertung bei verschiedenen Versicherungsformen der Schaden- und Unfallversicherung

Maiwald, Johannes: Die Betriebliche Altersversorgung im Verhältnis zur Gesetzlichen Rentenversicherung — Ergänzungen und Überschneidungen

Pullmann, Günther: Das Versorgungsniveau der Altersrentner in der gesetzlichen Rentenversicherung

1970

Kuchem, Richard: Kumulrisiko und Ansteckungsgefahr — Risikotheoretische Behandlung und typische Ausprägungen in verschiedenen Versicherungszweigen

Vey, Hans-Georg: Provisionspolitik von Erstversicherungsunternehmen

1971

Neumann, Angelika: Organisation und Kontrolle des Versicherungsaußendienstes

Peulen, Ulrich: Herkömmliche Lebensversicherung und Fondsgebundene Lebensversicherung. Darstellung und Vergleich

1972

Becker, Herbert: Umsatz-, Umsatzsaldo- oder Erfolgsprinzip? Zur Problematik der Abwicklung der versicherungstechnischen Posten im Jahresabschluß der Schaden- und Unfallversicherungsunternehmen

1973 - 1979

Bau, Ulrich: Alternative Organisationskonzepte für die Unternehmensleitung und ihre Eignung für Versicherungsunternehmen

Brands, Heinrich: Verfahren zur Bewertung von Schadenrückstellungen in der Kraftverkehrs-Haftpflichtversicherung

Even, Michael: Die Zweckmäßigkeit der Anpassungsmaßnahmen in der Allgemeinen Haftpflichtversicherung im Hinblick auf die Zielsetzung der Vertragspartner

Evers, Gabriele: Der Kapitalfonds im Versicherungsunternehmen — Ein Erklärungsmodell

Kubak, Hans-Dieter: Die Rückstellungspolitik der Kompositversicherungs-Aktiengesellschaften im Hinblick auf den Erfolgsausweis

Rex, Rolf: Die Politik der Vergütung der Absatzorgane im Kompositversicherungsunternehmen

Sieckmann, Dieter: Die Auswirkungen des Beitritts Großbritanniens zur EWG auf die Industriefeuer- und Transportversicherungsmärkte in Deutschland

Schmalohr, Rolf: Die dynamische Lebensversicherung als Komponente der Versorgung — Analyse der Möglichkeiten und Grenzen

Schmidt, Jürgen: Grundzüge der Finanzierungspolitik im Versicherungsunternehmen

Wachow, Bernd: Probleme der Risikoerfassung in der Seetransportversicherung

Wiegand, Lutz: Die körperschaftsteuerliche Behandlung von Beitragsrückerstattungen beim Versicherungsunternehmen

Wolff, Volker: Die technische Ausgestaltung einer Prämiengleitklausel in der Kraftfahrzeughaftpflichtversicherung, insbesondere unter der Berücksichtigung der Geldwertveränderungen

1974

Biergans, Hans: Vermögenserträge im Versicherungsunternehmen — Erklärungsmodell und Überprüfung an der Praxis der Kraftverkehrsversicherung

Mittler, Gottfried: Die Prämienrückgewähr nach § 9 FBUB (insbesondere bei Verlustbetrieben)

1975

Beutelmann, Josef: Die Absatzpolitik des Versicherungsunternehmens im Hinblick auf wechselnde Konjunkturverhältnisse

Grünberg, Sabine: Die organisatorische Gestaltung der Zahlungsvorgänge im Versicherungsunternehmen

Hinzmann, Jürgen: Die Einfachbearbeitung von Schäden in der Sachversicherung

Milde, Werner: Die betriebswirtschaftliche Beurteilung von Regelungen für die Schwankungsrückstellung der Versicherungsunternehmen

Weiler, Wolfgang: Kapitalerhaltungsmodelle für Versicherungsunternehmen

1976

Brakebusch, Rüdiger: Modell eines mehrjährigen Rechnungsabschlusses von Versicherungsunternehmen

Krämer, Matthias: Das Allfinanzangebot von Versicherungsunternehmen als Problem der Absatzpolitik

Krollmann, Manfred: Die Kontokorrentverkehre in der Finanzwirtschaft des Versicherungsunternehmens

Lutz, Angelika: Einzelwerbung und Gemeinschaftswerbung in der Versicherungswirtschaft

Maroschek, Rudolf: Die interne Erfolgsrechnung eines Lebensversicherungsunternehmens

1977

Dreßler, Heidemarie: Personalplanung im Versicherungsunternehmen

Eckner, Helga: Die Solvabilitätsvorschriften für Schadensversicherer in betriebswirtschaftlicher Sicht

Greiwe, Gabriele: Die Kaufentscheidung bei Versicherungsnahme

Johnigk, Michael: Zur Anwendung multivariater Methoden bei der Segmentierung des Versicherungsmarktes

Rehmann, Elisabeth: Rückstellungen für drohende Verluste aus schwebenden Geschäften bei Versicherungsunternehmen

Rosenbaum, Dieter: Die Datenverarbeitungskosten in der Kostenrechnung des Versicherungsunternehmens

1978

Eschbach, Leander: Die Berücksichtigung von Zinsen bei der Bemessung der Prämien in der Kraftfahrtversicherung

Nikosch, Karl-Heinz: Risikopolitik bei ausländischen Risiken

1979

Becker, Wilfried: Die Anwendung des Capital Asset Pricing-Modells auf Kapitalanlageentscheidungen von Versicherungsunternehmen

Funke, Karl-Jürgen: Die externe Analyse der nichtversicherungstechnischen Posten im Jahresabschluß der Schaden- und Unfallversicherer

Hermerath, Frank: Kriminalität und Versicherung

Säglitz, Hans-Jürgen: Die Bewältigung der Steuerrechtsrisiken durch Risk Management

Suwelack, Sabine: Der Versicherungsunternehmer

Weidig, Rita: Das Problem des Dumping auf dem deutschen Versicherungsmarkt

Zeies-Moritz, Gisela: Die Produktionsprogrammpolitik eines Versicherungsunternehmens mit Hilfe der Kostenrechnung

1980

Balle, Heinz-Josef: Die interne Kontrolle der Schadenkosten im Kompositversicherungsunternehmen

Birkenbusch, Annette: Kontrolle der Rückversicherungskosten im Schadenversicherungsunternehmen

Husch, Rainer: Risiken und ihre Bewältigung im Lebenszyklus des privaten Haushalts

Sienz, Monika: Der Entscheidungsrahmen für die organisatorische Gestaltung durch räumliche Zentralisation bzw. Dezentralisation in Kompositversicherungsunternehmen

Strauß, Fritz: Versicherungsaufsicht als Verbraucherschutz?

1981

Freiburg, Matthias: Verdeckte Gewinnausschüttung bei VVaG

Möller, Sabine: Kurzfristige Beschäftigungsplanung im Versicherungsunternehmen

Winkler, Thomas O.: Das Problem der Ausländer in der Kraftverkehrsversicherung

1982

Bredemeyer, Ralf: Betriebswirtschaftliche Grundlagen der „Captive-Versicherung"

Ehlscheid, Dagmar: Der VVaG in der neueren Genossenschaftstheorie — unter besonderer Berücksichtigung des Demokratieprinzips

Farnschläder, Michael: Projektmanagement im Versicherungsunternehmen

Kirsten, Elke: Die Bewertung von Aktiva und Passiva in fremdländischer Währung im Jahresabschluß von Rückversicherungsunternehmen

Mehring, Hans-Peter: Die Betriebsgröße als Determinante der Betriebskosten von Versicherungsunternehmen

Müssener, Thomas: Strategische Geschäftsfeldplanung im Versicherungsunternehmen

1983

Butzlaff, Ursula: Problem eines Weltjahresabschlusses von Versicherungsunternehmen

Müller, Ralf: Die Bedeutung des Versicherungsbestandes im Produktionsprozeß des Versicherungsunternehmens

Simokat, Andrea: Grundzüge des Cash Flow-Underwriting von Versicherungsunternehmungen

1984

Horbach, Lothar: Beteiligungen von Versicherungsunternehmen unter besonderer Berücksichtigung der Solvabilitätsfrage

Koenigs, Karl Florian: Controlling im Kompositversicherungsunternehmen

Sönnichsen, Christoph: Die bedarfsgerechte Gestaltung von Versicherungsprodukten am Beispiel privater Haushalte

Teufel, Frank-Joachim: Aspekte des Führungspersonals bei Auslandstätigkeiten deutscher Versicherungsunternehmen

1985

Arnold, Rolf: Die Aussagefähigkeit des Jahresabschlusses von Kreditinstituten und Versicherungsunternehmen

Naton, Michael: Die Situation des Versicherungsmaklers in der Bundesrepublik Deutschland — zur Frage des technischen Versicherungsmaklers

Schuckart, Karin: Innovationsfördernde Organisationsstrukturen in Versicherungsunternehmen

1986

Benner, Ferdinand: Probleme eines Rating-Systems für Schaden- und Unfallversicherungsunternehmen

Bock, Hein Winfried: Dienstleistungsverträge zwischen Versicherungsunternehmen und anderen Unternehmen unter besonderer Berücksichtigung der Entgeltregelung des § 53 d VAG

Braun, Elvira: „Universal Life Insurance" als Produktgestaltung für den deutschen Lebensversicherungsmarkt?

Ellenbürger, Frank: Gewinnverwendungsentscheidungen von Kompositversicherungsunternehmen

Junglas, Achim: Kundenbezogene Organisation von Versicherungsunternehmen

Köhnen, Franz: Risikopolitik des Rückversicherers

Wagner, Fred: Die Finanzierung von Versicherungsunternehmen mit Hilfe von Genußscheinen

Wetterau, Friedhelm: Vertriebscontrolling bei Versicherungsunternehmen mit dezentralen Vertriebsverfahren

1987

Bader, Adalbert: Frühwarnsysteme in der deutschen Versicherungswirtschaft unter dem Aspekt der Versicherungsaufsicht

Bokisch, Volker: Expertensysteme in der Versicherungswirtschaft

Bosch, Heike: Rückstellungen für drohende Verluste aus schwebenden Geschäften (§ 249 I HGB) im Jahresabschluß von Versicherungsunternehmen

Elsner, Bernd: Öffentlichkeitsarbeit von Versicherungsunternehmen

Hilger, Wolfgang: Aktuelle Problematik des § 102 GWB für den Wettbewerb auf Versicherungsmärkten

Krause, Jochen: Die Deregulierungsdiskussion — Theoretische Grundlagen und Bedeutung für ausgewählte Wirtschaftszweige, besonders die Versicherungswirtschaft

Löffel, Andreas: Die Betriebskosten als Gegenstände in der Kalkulation und Tarifgestaltung der Gemischten Lebensversicherung

Mertens, Michael: Die Zielgruppe „Jugendliche" als Gegenstand der Geschäftspolitik von Versicherungsunternehmen

Rave, Tanja: Form und Inhalt von Lageberichten in Druckberichten von Kompositversicherungsunternehmen

Schade, Klaus: Privates und gewerbliches Kraftfahrtversicherungsgeschäft aus betriebswirtschaftlicher Sicht des Versicherungsunternehmens

1988

Arndt, Susanna: Ausländer in Deutschland als Versicherungskunden

Benner, Gerhard: Sport und Versicherung

Bone-Winkel, Stephan: Strategische Unternehmenspolitik von Rückversicherungsunternehmen

Broszat, Bernd: Betriebskosten-Controlling im Versicherungsunternehmen

Dannenberg, Britta: AIDS und Privatversicherung

Dopheide, Michael: Funktionsaufteilung zwischen Versicherer und Vermittler im Versicherungsgeschäft

Hanft, Andreas: Versicherungsfremde Dienstleistungen im Programm von Versicherungsunternehmen

Hellwig, Christoph: Ertragsteuerpoltik von Versicherungsunternehmen

Rabe, Thomas: Bilanzierung versicherungstechnischer Rückstellungen im Ländervergleich Deutschland, Vereinigtes Königreich, Frankreich und Spanien

Schmitt, Stefan: Versicherbarkeit von Umweltschäden

Ziegler, Michael: Gemeinkostenwertanalyse in Versicherungsunternehmen

1989

Becker, Rolf: Unternehmenspolitische Optionen im EG-Binnenmarkt für Versicherungen

Kaiser, Wolfgang: Die Versicherung von Offshore-Risiken

Klein, Silke: Solvabilitätssystem für Rückversicherer

Knispel, Ralf: Umwelt und Versicherung

Lach, Helge: Controlling in Versicherungsvermittlungsbetrieben

Pütmann, Ralf: Das Ergebnis aus dem Kapitalanlagegeschäft als Sicherheitszuschlag zur Prämie im Versicherungsgeschäft

Rieker, Christian: Neuere Vertriebsverfahren für Versicherungen im Privatkundengeschäft

Scholz, Frank: Probleme des Weltjahresabschlusses von deutschen Versicherungsunternehmen (ab 1990)

Schröder, Christoph: Analyse der Jahresabschlüsse von Lebensversicherungsunternehmen

Will, Reiner: Kontrolle und Revision im Schadenbearbeitungsbereich von Versicherungsunternehmen

1990

Halstenbach, Eckard: Das Geschäftsfeld DDR aus der Sicht westdeutscher Versicherer

Jaspers, Annette: Die Rentenreform 1992 und ihre Wirkungen für die Versorgung der deutschen Bevölkerung

Kleinpoppen, Achim: Umgestaltung von Versicherungskonzernen unter Verwendung von Holdinggesellschaften

Klöcker, Reiner: Controlling der Erlöse aus dem Versicherungsgeschäft

Lichtinghagen, Markus: Captives aus der Sicht deutscher Versicherungsnehmer

Reimers, Claudia: Kundentypen im Versicherungsgeschäft

Seitz, Armin: Innovationsstrategien von Erstversicherern

Sieg, Ingo: Corporate Identity von Versicherern

Statz, Ulrich: Die Versicherbarkeit von Umweltrisiken

Weidenfeld, Gerd: All Risks-Versicherung

12. Die Bibliothek des Instituts für Versicherungswissenschaft

Die Bibliothek des Instituts für Versicherungswissenschaft mit ihren Abteilungen *Versicherungswirtschaft*, *Versicherungsrecht* und *Versicherungsmathematik* ist mit 50 000 Bänden die größte Spezialbibliothek für Versicherungsliteratur in Deutschland.

Den Grundstock bildeten bei der Gründung des Instituts im Jahre 1940 die Bestände des damaligen Seminars für Versicherungswissenschaft der Universität zu Köln, die später um ältere Literatur aus dem Nachlaß von Prof. Dr. Helpenstein ergänzt wurden. So besitzt die Bibliothek über 250 Titel, die bereits vor 1900 erschienen sind. Daß die Bibliothek ihre Altbestände ohne größere Verluste über die Kriegszeit retten konnte, ist das Verdienst von Prof. Dr. Karl Hax, der die Bücher während des Krieges im Westerwald ausgelagert und sie nach dem Krieg wieder nach Köln zurückgeführt hat.

Der Bestand wurde im Laufe der Jahre kontinuierlich ausgebaut und — zum Teil auch durch antiquarische Anschaffungen — vergrößert, nicht zuletzt durch die Finanzmittel vom Verein der Förderer des Instituts für Versicherungswissenschaft. Er beläuft sich z. Z. auf rund 50 000 Bände, wobei ca. 18 000 Bände auf Zeitschriften entfallen.

Gesammelt wird in erster Linie Literatur zum Allgemeinen Versicherungswesen, zum Versicherungsrecht, zu den einzelnen Versicherungszweigen, zur Versicherungsbetriebslehre, Versicherungsmathematik und Versicherungsmedizin. Aber auch die Bereiche Sozialversicherung, Allgemeine Betriebswirtschaftslehre, Volkswirtschaftslehre und Rechtswissenschaft mit den Schwerpunkten Haftungs-, Zivil- und Handelsrecht werden systematisch gepflegt.

Derzeit werden in der Institutsbibliothek 253 Zeitschriften (davon 102 ausländische) sowie 113 Jahrbücher und Reihen laufend bezogen. 14 Entscheidungssammlungen und 109 Loseblattsammlungen (überwiegend juristischer Natur) ergänzen den Bestand.

Ein gesondertes Sammelgebiet bilden die Geschäftsberichte von etwa 420 deutschen und 100 ausländischen Versicherungsunternehmen. Die deutschen Geschäftsberichte werden überwiegend schon seit Mitte der fünfziger Jahre archiviert.

Erschlossen werden die Buchbestände durch einen alphabetischen Verfasserkatalog sowie einen systematischen Sachkatalog nach Fachgebieten, wobei der systematische Katalog zugleich die Grundlage für die Aufstellung der Bücher im Magazin bildet. Im Jahr 1966 wurde die Systematik für die Abteilungen Versicherungswirtschaft und Versicherungsmathematik neu gestaltet. Diese Grundstruktur wurde, von kleinen Änderungen abgesehen, bis heute beibehalten und für die Abteilung Versicherungsrecht im Jahre 1989 übernommen (vgl. die Systematik der Bibliothek im Anhang).

Der Entwicklungsstand auf dem Gebiet der Elektronischen Datenverarbeitung und die heutige Ausstattung des Instituts mit Rechnerkapazitäten eröffnen der Bibliothek neue Möglichkeiten sowohl bei der formalen Erfassung als auch bei der sachlichen Erschließung der Literatur.

Ab Erscheinungsjahr 1990 werden alle selbständigen Schriften (Monographien) mit der Bibliotheks-Software ALLEGRO-C erfaßt, die eine regelwerksgerechte Titelaufnahme nach den RAK-WB und einen entsprechenden Katalogkartenausdruck ermöglicht.

Darüber hinaus befindet sich z. Z. eine Datenbank mit der Software LARS im Aufbau, in der seit 1988 unselbständige Schriften (Aufsätze aus Zeitschriften, Festschriften und Sammelwerken) der Institutsbibliothek erfaßt und mit Schlagworten belegt werden; sie zählt bereits über 3000 Dokumente.

Bisher sind diese Datenbanken nur für interne Zwecke angelegt worden. Geplant ist aber, dieses Informationspotential bei geeigneter Hardwareausstattung auch den externen Bibliotheksbenutzern zur Verfügung zu stellen, um ihnen ein schnelleres Auffinden der gesuchten Literatur zu ermöglichen. Das Personal der Institutsbibliothek besteht aus zwei Diplombibliothekarinnen, die die Abteilungen Versicherungswirtschaft und Versicherungsmathematik bzw. die Abteilung Versicherungsrecht betreuen. Darüber hinaus stehen der Bibliothek studentische Mitarbeiter für Ausleih- und Hilfstätigkeiten zur Verfügung.

Die Institutsbibliothek ist als Präsenzbibliothek konzipiert und wird in erster Linie von Studenten der verschiedenen Versicherungsfachrichtungen, aber auch von Praktikern aus der in Westdeutschland ansässigen Assekuranz genutzt. Sie steht allen Interessenten im Rahmen der Öffnungszeiten zur Verfügung.

Systematik für den Katalog der Bibliothek des Instituts für Versicherungswissenschaft

A — I 1. Hauptabteilung: Versicherungswesen

A Allgemeines Versicherungswesen

Aa Allgemeines, Lehrbücher, Gesamtdarstellungen
Ab Begriff und Wesen der Versicherung
Ac Geschichte der Versicherung
Ad Staatliche Versicherungspolitik
Ae Besteuerung des Versicherungswesens
Af Beaufsichtigung der Versicherungsunternehmen
Ag Versicherungsmarkt, Nachfrage, Wettbewerb
Ah Konzentration und Verbandswesen
Ai Internationales Versicherungswesen
Ak Versicherungsrecht
(Versicherungsvertrag, rechtliche und wirtschaftliche Gestaltung)
Al Risikofragen, Versicherungstechnik, Rückversicherung
Am Sonstige Einzelfragen
(Versicherungsbetrug, Selbstversicherung, Schadenverhütung u. ä.)
An Versicherung und Währung
Ao Sonstiges (z. B. Versicherung in der Literatur, Humoristisches)
Az Schriftenreihen

B Die Zweige der Individualversicherung

Ba Mehrere Zweige betreffend
Bb Lebensversicherung
Bc Krankenversicherung
Bd Unfallversicherung
Be Feuerversicherung
Bf Feuer-Betriebsunterbrechungsversicherung
Bg Sach-Nebenzweige

Bh Landwirtschaftliche Versicherungszweige
Bi Technische Versicherungszweige
Bk Transportversicherung
Bl Elementarschadenversicherung
Bm Haftpflichtversicherung
Bn Kraftverkehrsversicherung
Bo Rechtsschutzversicherung
Bp Kreditversicherung
Bq Sonstige Versicherungszweige
Br Kombinierte und gebündelte Versicherungszweige
Bs Nachbargebiete

Bz Schriftenreihen

C *Versicherungsbetriebslehre*

Ca Allgemeines, Lehrbücher, Gesamtdarstellungen
Cb Unternehmensformen
Cc Organisation und Planung im Versicherungsbetrieb
Cd Absatz und Absatzpolitik
Ce Finanzwirtschaft
Cf Rechnungswesen
Cg Produktions- und Kostentheorie
Ch Unternehmensveränderungen (Konkurs, Vergleich, Fusion usw.)
Ci Versicherungsausbildung
Ck Sonstiges

Cz Schriftenreihen

D *Sozialversicherung*

Da Allgemeines, Lehrbücher, Gesamtdarstellungen
Db Mehrere Zweige betreffend
Dc Rentenversicherung
Dd Krankenversicherung
De Unfallversicherung
Df Arbeitslosenversicherung
Dg Knappschaftliche Versicherung
Dh Sonstige Zweige

Di	Nachbargebiete
Dk	Sonstiges aus der Sozialversicherung
Dz	Schriftenreihen

E	*Mathematik*
Ea	Reine und Angewandte Mathematik
Eb	Wahrscheinlichkeitstheorie und mathematische Statistik
Ec	Wirtschafts- und Finanzmathematik
Ed	Sonstige Angewandte Mathematik
Ee	Versicherungsmathematik
Ef	Zahlentafeln und Statistiken (und deren Konstruktion)
Eg	Elektronisches und maschinelles Rechnen
Ek	Nachschlagewerke und Bibliographien
Ez	Schriftenreihen

F	*Versicherungsmedizin*
Fa	Allgemeines
Fb	Mehrere Zweige betreffend
Fc	Lebensversicherungsmedizin
Fd	Krankenversicherungsmedizin
Fe	Unfallversicherungsmedizin
Ff	Sonstiges
Fz	Schriftenreihen

G — I Reserve für die Hauptabteilung Versicherungswesen

K — O 2. Hauptabteilung: Rechtswissenschaft

K	*Rechtswissenschaft*
Ka	Recht und Rechtswissenschaft
Kb	Privatrecht (ohne Wirtschaftsrecht)
Kc	Gerichtsverfassung, Allgemeines Prozeßrecht und Zivilprozeß

Kd Strafrecht und Strafverfahren
Ke Staats- und Verfassungsrecht
Kf Allgemeines Verwaltungsrecht
Kg Besonderes Verwaltungsrecht
Kh Verkehrsrecht
Kj Finanz- und Steuerrecht
Kk Wirtschaftsrecht
Kl Arbeitsrecht
Km Sozialrecht
Kn Völkerrecht und internationale Politik

L — O Reserve für die Hauptabteilung Rechtswissenschaft

P — R 3. Hauptabteilung: Wirtschafts- und Sozialwissenschaften

P Betriebswirtschaftslehre

Pa Allgemeines, Lehrbücher, Gesamtdarstellungen
Pb Produktions- und Kostentheorie
Pc Absatz
Pd Finanzwirtschaft, Investitionstheorie
Pe Organisation, Planung, Kontrolle, Management
Pf Rechnungswesen, Kostenrechnung, Bilanzierung
Pg Risk-Management
Ph Sonstiges

Pi Betriebliche Steuerlehre
Pk Personalwirtschaft
Pl Wirtschaftsprüfung
Pm Sonstige Besondere Betriebswirtschaftslehren (Bankbetriebslehre, Industriebetriebslehre, Wirtschaftslehre des privaten Haushalts usw.)
Pn Internationale Unternehmen
Po Betriebs- und Wirtschaftsinformatik (Informationstechnologie, Datenverarbeitung)

Pz Schriftenreihen

Q	*Volkswirtschaftslehre*
Qa	Allgemeines, Lehrbücher, Gesamtdarstellungen
Qb	Geschichte der volkswirtschaftlichen Lehrmeinungen
Qc	Lehre von der Produktion
Qd	Lehre von der Distribution
Qe	Lehre von der Konsumtion
Qf	Markt- und Preistheorie
Qg	Geld und Kredit, Kapitalmarkt
Qh	Konjunkturen und Krisen, Wachstumstheorie
Qi	Außenwirtschaft
Qk	Sonstiges
Ql	Allgemeine Wirtschaftspolitik
Qm	Besondere Wirtschaftspolitiken (Gewerbepolitik, Bankpolitik, Agrarpolitik usw.)
Qn	Europäische Wirtschaftspolitik
Qo	Wirtschaftsordnungen, Wirtschaftssysteme
Qz	Schriftenreihen

R	*Andere Gebiete der Wirtschafts- und Sozialwissenschaften*
Ra	Finanzwissenschaft
Rb	Statistik, Finanz- und Wirtschaftsmathematik
Rc	Sozial- und Wirtschaftspsychologie, Soziologie
Rd	Sozialpolitik
Re	Sozial- und Wirtschaftsgeschichte
Rf	Wirtschaftsgeographie
Rg	Entscheidungstheorie
Rz	Schriftenreihen

S	**4. Hauptabteilung: Andere Wissensgebiete**
Sa	Wissenschaftstheorie
Sb	Sonstiges
Sc	Sicherheitswissenschaft, Ökologie, Umweltschutz
Sz	Schriftenreihen

T — W 5. Hauptabteilung: Periodika

T Zeitschriften und Periodika betreffend das Versicherungswesen

U Zeitschriften, Periodika und Entscheidungssammlungen betreffend die Rechtswissenschaft

V Zeitschriften und Periodika betreffend die Mathematik

W Zeitschriften und Periodika betreffend die Wirtschafts- und Sozialwissenschaften

X 6. Hauptabteilung: Festschriften

Xa Festschriften für Persönlichkeiten, Biographien, Nachrufe

Xb Festschriften und Firmenporträts für Institutionen der Versicherungswirtschaft (deutsch)

Xc Festschriften und Firmenporträts für sonstige Institutionen

Xd Festschriften und Firmenporträts für Institutionen der Versicherungswirtschaft (ausländisch)

Xe Festschriften und Firmenporträts für sonstige Institutionen (ausländisch)

Z 7. Hauptabteilung: Nachschlagewerke, Bibliographien, Lexika

Za Allgemeine und Wirtschaftslexika

Zb Fremdsprachenlexika

Zc Bibliographien

Zd Arbeitsrechtliche Nachschlagewerke

Ze Sonstige Nachschlagewerke (Adressenverzeichnisse u. ä.)

Zz Schriftenreihen

13. Versicherungswissenschaftliche Lehrveranstaltungen (Stand 1990)

a) *wirtschaftswissenschaftliche* (4semestriger Turnus)

Allgemeine Versicherungslehre (4 Std. Farny)

Besondere Versicherungslehre I und II: Die einzelnen Versicherungszweige (4 Std. Farny)

Versicherungsbetriebslehre I: Grundlagen der Versicherungsunternehmen (2 Std. Farny)

Versicherungsbetriebslehre II: Rechnungslegung der Versicherungsunternehmen (2 Std. Farny)

Versicherungsbetriebslehre III: Internes Rechnungswesen der Versicherungsunternehmen (2 Std. Farny)

Versicherungsbetriebslehre IV: Theorie des Versicherungsunternehmens (2 Std. Farny)

Grundlagen der Sozialversicherung (2 Std. Farny)

Einzelfragen der Sozialversicherung (4 Std. Schewe)

Prüfung von Versicherungsunternehmen (2 Std. Minz)

Informationsverarbeitung in der Versicherungswirtschaft (2 Std. Schütze)

Versicherungswissenschaftliches Proseminar (2 Std. Farny mit Assistenten)

Versicherungswissenschaftliches Hauptseminar (2 Std. Farny)

Arbeitsgemeinschaft für versicherungswissenschaftliche Diplomarbeiten (2 Std. Farny)

b) *rechtswissenschaftliche*

Privatversicherungsrecht (2 Std., jährlich, Hübner)

Versicherungsunternehmensrecht (1 Std., jährlich, Hübner)

Versicherungsrechtliches Seminar (2 Std., jedes Semester, Hübner)

Haftungsrecht (jährlich, Hübner)

c) *mathematische*

Versicherungsmathematik I, II und III, jeweils mit Übungen (12 Std.

Heubeck): Grundlagen der Versicherungsmathematik für Lebens-, Pensions-, Sozial-, Kranken- und Sachversicherung

Versicherungsmathematisches Kolloquium (Heubeck, Reich)

Seminar für Versicherungsmathematik (Reich)

14. Abschlußprüfungen in den Fächern „Versicherungswissenschaft“ und „Versicherungsbetriebslehre“ in den wirtschaftswissenschaftlichen und mathematischen Studiengängen 1965 bis 1990

Jahr	Anzahl Diplomarbeiten	Anzahl der Abschlußprüfungen wirtschaftswissenschaftliches Diplom[1]	mathematisches Diplom[2]	Staatsprüfungen Lehramt	gesamt
1965	15	44	a		44
1966	10	49	a		49
1967	13	63	a		63
1968	15	37	a		37
1969	7	33	6		39
1970	12	24	1		25
1971	2	15			15
1972	2	35	1		36
1973	16	32			32
1974	7	37	3		40
1975	18	25	8		33
1976	10	34	6	11	51
1977	15	26	19	7	52
1978	12	36	6	7	49
1979	17	28	8	1	37
1980	20	35	11		46
1981	6	41	6		47
1982	17	37	18		55
1983	13	30	11		41
1984	22	27	4		31
1985	17	41	16	1	58
1986	28	57	15	2	74
1987	31	69	19		89
1988	39	92	28		120
1989	35	76	30	3	109
1990	44	86	6	3	95
Summe	443	1109	222	36	1367

a keine Angaben
[1] Diplom-Kaufmann, Diplom-Volkswirt, Diplom-Handelslehrer
[2] Diplom-Mathematiker wirtschaftswissenschaftlicher Richtung

DRITTER TEIL

Dokumentation über den Verein der Förderer des Instituts für Versicherungswissenschaft an der Universität zu Köln e.V.

1. Satzung des Vereins

§ 1
Name, Sitz, Geschäftsjahr

Der Verein führt den Namen:

„Verein der Förderer des Instituts für Versicherungswissenschaft an der Universität zu Köln e.V."

Er soll in das Vereinsregister beim Amtsgericht Köln eingetragen werden. Der Sitz des Vereins ist Köln, Geschäftsjahr ist das Kalenderjahr.

§ 2
Zweck

Der Verein verfolgt ausschließlich und unmittelbar gemeinnützige Zwecke im Sinne des Abschnitts „steuerbegünstigte Zwecke" der Abgabenordnung.

Er hat die Aufgabe, das Institut für Versicherungswissenschaft bei der Durchführung seiner Ziele zu unterstützen, die Pflege der versicherungswissenschaftlichen Forschung und Lehre, insbesondere auch die wissenschaftliche und praktische Ausbildung des Nachwuchses zu fördern und die Beziehungen zwischen Wissenschaft und Praxis zu vertiefen.

Der Verein ist selbstlos tätig; er verfolgt nicht in erster Linie eigenwirtschaftliche Zwecke.

§ 3
Mitgliedschaft

Mitglied des Vereins kann jede private oder öffentlich-rechtliche Versicherungseinrichtung werden. Auch Behörden und Körperschaften, soweit sie juristische Personen sind, sowie Einzelpersonen, die an dem Versicherungswesen interessiert sind, können die Mitgliedschaft erwerben.

Die Mitgliedschaft wird durch schriftlichen Antrag bei dem Vorstand des Vereins um Aufnahme erworben. Der Vorstand kann die Aufnahme ohne Angabe von Gründen ablehnen.

Die Mitgliedschaft erlischt sofort durch Auflösung der Versicherungseinrichtung, Tod des Einzelmitgliedes oder Ausschluß durch den Vorstand im

Falle der Unwürdigkeit oder mangelnder Beitragszahlung trotz mehrmaliger schriftlicher Aufforderung. Sie endet ferner durch Kündigung, die ein Vierteljahr vor Ablauf des Geschäftsjahres durch eingeschriebenen Brief an den Vorstand gerichtet werden muß, zum Schluß des laufenden Geschäftsjahres.

Mittel des Vereins dürfen nur für die satzungsmäßigen Zwecke verwendet werden. Die Mitglieder erhalten keine Gewinnanteile und in ihrer Eigenschaft als Mitglieder auch keine sonstigen Zuwendungen aus Mitteln des Vereins. Der Verein darf keine Person durch Ausgaben, die den Zwecken des Vereins fremd sind, oder durch unverhältnismäßig hohe Vergütungen begünstigen. Bei ihrem Ausscheiden oder bei Auflösung oder Aufhebung des Vereins erhalten die Mitglieder keinerlei Zuwendungen aus dem Vereinsvermögen.

Hervorragende Förderer, die nicht Vereinsmitglieder zu sein brauchen, können vom Vorstand zu Ehrenmitgliedern ernannt werden.

§ 4
Beitragsleistungen

Der Jahresbeitrag beträgt mindestens 300,– DM und ist im voraus zu entrichten. Seine Höhe bestimmt das Mitglied durch Selbsteinschätzung. Diese Selbsteinschätzung ist auch für das folgende Geschäftsjahr des Vereins verbindlich, wenn das Mitglied nicht spätestens ein Vierteljahr vor Ablauf des Geschäftsjahres durch eingeschriebenen Brief an den Vorstand eine neue Selbsteinschätzung vornimmt.

Mit Zustimmung von drei Vierteln der erschienenen Mitglieder kann die Mitgliedsversammlung auch eine außerordentliche Umlage beschließen, jedoch nur bis zur Höhe von 50 % des jeweiligen Jahresbeitrages.

Der Vorstand setzt alljährlich einen Haushaltsplan über die Verwendung der aufkommenden Mittel fest.

§ 5
Organe

Organe des Vereins sind

a) derVorstand,
b) der Ausschuß,
c) die Mitgliederversammlung.

§ 6
Vorstand

Der Vorstand besteht aus dem Vorsitzer, dem Stellvertreter des Vorsitzers, dem Schatzmeister und dem Schriftführer. Jedes Vorstandsmitglied kann den Verein alleine vertreten.

Der Vorstand wird von der Mitgliederversammlung auf die Dauer von 5 Jahren gewählt. Die Mitgliederversammlung kann jedoch den gesamten Vorstand oder einzelne Mitglieder vorzeitig abberufen, wenn das Interesse des Vereins es erfordert. Der Vorsitzer setzt die Tagesordnung für die Sitzungen des Ausschusses und die Mitgliederversammlungen fest und leitet diese Sitzungen.

Der Vorstand hat im übrigen alle Geschäfte zu erledigen, die nach der Satzung nicht der Mitgliederversammlung oder dem Ausschuß vorbehalten sind. Er faßt seine Beschlüsse mit einfacher Stimmenmehrheit.

§ 7
Ausschuß

Der Ausschuß besteht aus Leitern von Versicherungseinrichtungen der hauptsächlichsten Versicherungszweige und solchen Persönlichkeiten, die in besonderer Beziehung zur Versicherungswissenschaft oder -praxis stehen. Außerdem gehören ihm

der Vorsitzer des Kuratoriums der Universität zu Köln,
der Rektor der Universität zu Köln,
der Dekan der Wirtschafts- und Sozialwissenschaftlichen Fakultät der Universität zu Köln
und der Leiter des Instituts für Versicherungswissenschaft an der Universität zu Köln

an.

Der Ausschuß unterstützt den Vorstand, der an den Sitzungen des Ausschusses teilnimmt, bei der Erfüllung seiner Aufgaben. Er soll insbesondere laufend Anregungen für die wissenschaftliche Forschung geben.

Für die Verfolgung besonderer Aufgaben kann der Ausschuß Sonderausschüsse einsetzen, in die auch Personen aufgenommen werden können, die nicht dem Vorstand oder dem Ausschuß angehören.

Der Ausschuß wird von der ordentlichen Mitgliederversammlung gewählt und je nach Bedürfnis, mindestens aber jährlich einmal, vom Vorsitzer einberufen. Stellvertretung eines Ausschußmitgliedes im Verhinderungsfalle ist zulässig. Über die Verhandlungen des Ausschusses wird eine Niederschrift angefertigt, die vom Vorsitzer und vom Schriftführer zu unterzeichnen ist.

§ 8
Mitgliederversammlung

Alljährlich findet eine ordentliche Mitgliederversammlung statt. Die Berufung erfolgt durch den Vorsitzer mit schriftlicher Zusendung einer Tagesordnung mit Einladungsfrist von 3 Wochen. Die Beschlüsse werden — mit Ausnahme der Beschlüsse zu den in §§ 9 und 10 vorgesehenen Fällen — mit einfacher Stimmenmehrheit der anwesenden Mitglieder gefaßt. Bei Stimmengleichheit entscheidet die Stimme des Vorsitzers.

Der ordentlichen Mitgliederversammlung ist ein Bericht über das abgelaufene Geschäftsjahr zu erstatten. Im Anschluß daran muß eine allgemeine Aussprache zugelassen werden, damit die Mitglieder Anregungen für die Tätigkeit des Vereins geben können.

Die ordentliche Mitgliederversammlung hat über die Entlastung des Vorstandes zu befinden. Sie kann einen Rechnungsprüfer bestellen, der alsdann vor dem Beschluß über die Entlastung zu hören ist.

Außerordentliche Mitgliederversammlungen werden je nach Bedarf mit einer Frist von 14 Tagen vom Vorsitzer einberufen. Über jede Mitgliederversammlung ist eine Niederschrift anzufertigen, die vom Vorsitzer und vom Schriftführer zu unterzeichnen ist.

§ 9
Satzungsänderungen

Änderungen der Satzung können durch eine Mitgliederversammlung mit einer Mehrheit von drei Vierteln der erschienenen Mitglieder beschlossen werden.

§ 10
Auflösung des Vereins

Die Mitgliederversammlung, welche die Auflösung des Vereins beschließen soll, ist mit einer Frist von 4 Wochen einzuberufen. Für ihre Beschlußfassung ist eine Dreiviertelmehrheit der gesamten Vereinsmitglieder entscheidend. Sind auf dieser Mitgliederversammlung, zu der mit ausführlicher Tagesordnung einzuladen ist, nicht mindestens drei Viertel der gesamten Mitglieder des Vereins anwesend, so ist eine neue Mitgliederversammlung einzuberufen, die alsdann mit Dreiviertelmehrheit der anwesenden Mitglieder entscheidet.

Bei Auflösung oder Aufhebung des Vereins oder bei Wegfall seines bisherigen Zwecks fällt das Vermögen des Vereins an die Universität zu

Köln, die es unmittelbar und ausschließlich für gemeinnützige Zwecke zu verwenden hat.

Der Verein ist am 5. März 1940 unter Nr. 1614 in das Vereinsregister des Amtsgerichts Köln, Abt. 24, eingetragen worden.
(Fassung vom 7. November 1989)

2. Mitglieder des Vereins (Stand 1990)

Dem Verein gehören insgesamt 160 Mitglieder an, und zwar

127 deutsche Versicherungsunternehmen
7 ausländische Versicherungsunternehmen
3 Versicherungsmakler
11 Verbände aus dem Bereich von Privat- und Sozialversicherung
6 Beratungsunternehmen
3 Wirtschaftsprüfungsunternehmen
3 sonstige

3. Ausschuß des Vereins (Stand 1990)

Der Vorsitzende des Kuratoriums der Universität zu Köln

Der Rektor der Universität zu Köln

Der Dekan der Wirtschafts- und Sozialwissenschaftlichen Fakultät der Universität zu Köln

Der Leiter des Instituts für Versicherungswissenschaft an der Universität zu Köln

Der Präsident des Gesamtverbandes der Deutschen Versicherungswirtschaft e.V., Köln

Dr. *Peter von Blomberg*, Köln

Generaldirektor i. R. Dr. *Herbert Bruns*, Köln

Generaldirektor *Heinrich Frommknecht*, Dortmund

Dr. *Hans Gerling*, Köln

Dr. *Helmut Gies*, Aachen

Generaldirektor Dr. *Horst Hoffmann*, Dortmund

Generaldirektor *Berthold Jäger*, Bremen

Frau Generaldirektor i. R. Dr. *Gertrud Jäger*, Köln

Generaldirektor Dr. *Edgar Jannott*, Düsseldorf

Prof. *A. Wilhelm Klein*, Köln

Professor Dr. *Peter Koch*, Aachen

Direktor i. R. Dr. *Hartmut W. Labes*, Hamburg

Direktor Dr. *Arno Morenz*, Aachen

Generaldirektor Dr. *Wolfgang Peiner*, Köln

Dr. *Michael Pickel*, Köln

Generaldirektor Dr. *Leopold Schieble*, Köln

Professor Dr. jur. Dr.-Ing. E. h. *Reimer Schmidt*, Aachen

Generaldirektor *Hans Georg Timmer*, Köln

Direktor Dipl.-Kfm. *Dieter Wendelstadt*, Köln

4. Mitglieder des Vereinsvorstands 1940 bis 1990

Gen.-Dir. Konsul Karl Haus, Vors.	1940-1966
Dir. Dr. Edgar John, stv. Vors.	1940-1945
Gen.-Dir. Georg Finke, Schatzmeister	1940-1966
Dir. Hans Knoll, Schriftführer	1940-1966
Gen.-Dir. Hubert Müller, stv. Vors.	1946-1959
Gen.-Dir. Dr. Anton Bertgen, stv. Vors.	1959-1965

Gen.-Dir. Hugo Weger, Vors.	1966-1970
Gen.-Dir. Hans Spröde, Schatzmeister	1966-1970
Dir. Dr. Hartmuth Labes, Schriftführer	1966-1980
Gen.-Dir. Dr. Georg Voß, stv. Vors.	1966-1980
Gen.-Dir. Dr. Herbert Bruns, Vors.	1970-1985
Gen.-Dir. Prof. A. Wilhelm Klein, Schatzmeister	1970-1990
Dir. Wilhelm Zeller, Schriftführer	seit 1980
Dir. Claas Kleyboldt, Vors.	seit 1986
Gen.-Dir. Dr. Bernd Michaels, stv. Vors.	seit 1988
Dir. Dr. Heinrich Brands, Schatzmeister	seit 1990

FSC
www.fsc.org
MIX
Papier | Fördert gute Waldnutzung
FSC® C083411

Kolibri 360 GmbH
Ferdinand-Jühlke-Straße 7
99095 Erfurt, Deutschland
produktsicherheit@kolibri360.de

Druck:
CPI Druckdienstleistungen GmbH
im Auftrag der
Kolibri 360 GmbH
Ferdinand-Jühlke-Str. 7
99095 Erfurt